江苏省公路水运工程
平安工地建设创新案例

江苏省交通运输综合行政执法监督局　等　组织编写

人民交通出版社股份有限公司
北　京

内 容 提 要

本书共分为3篇，内容包括通用（公路、水运）工程案例、公路工程案例、水运工程案例，其中：通用（公路、水运）工程案例为管理类和电力防护类案例，适用性广，具有各类工程均可参照的特点；公路工程案例所述均为公路建设过程中适用范围较广、安全性较好的装置或安全监测装置；水运工程案例所述均为水运建设过程中提炼出的安全性较好的装置、安全监测装置或安全应急装置，有较强的适用性。

本书内容丰富、覆盖面广、实用性强，可供建设、施工、监理等单位的相关工程技术人员参考。

图书在版编目（CIP）数据

江苏省公路水运工程平安工地建设创新案例/江苏省交通运输综合行政执法监督局等组织编写.— 北京：人民交通出版社股份有限公司, 2023.8
ISBN 978-7-114-18863-3

Ⅰ.①江… Ⅱ.①江… Ⅲ.①道路施工—安全管理—案例—江苏②航道工程—工程施工—安全管理—案例—江苏 Ⅳ.① U415.12 ② U615.1

中国国家版本馆 CIP 数据核字 (2023) 第 114429 号

Jiangsu Sheng Gonglu Shuiyun Gongcheng Ping'an Gongdi Jianshe Chuangxin Anli

书　　名	江苏省公路水运工程平安工地建设创新案例
著 作 者	江苏省交通运输综合行政执法监督局　等
责任编辑	齐黄柏盈
责任校对	刘　芹
责任印制	张　凯
出版发行	人民交通出版社股份有限公司
地　　址	（100011）北京市朝阳区安定门外外馆斜街3号
网　　址	http://www.ccpcl.com.cn
销售电话	（010）59757973
总 经 销	人民交通出版社股份有限公司发行部
经　　销	各地新华书店
印　　刷	北京建宏印刷有限公司
开　　本	787×1092　1/16
印　　张	16.25
字　　数	300千
版　　次	2023年8月　第1版
印　　次	2023年8月　第1次印刷
书　　号	ISBN 978-7-114-18863-3
定　　价	88.00元

（有印刷、装订质量问题的图书，由本公司负责调换）

《江苏省公路水运工程平安工地建设创新案例》编写委员会

主　　　编：王慧廷

副 主 编：沈学标

编　　　委：郑　洲　汤伟清　张　建　袁广如　张卫中　蔡　远
　　　　　　程　钢　季新年　杨　洋　张龙健　李浩然

主要审定人员：陈　萍　姜竹生　费国新　沈　斌　张岩松　端茂军

主要编写人员：朱亚德　丁孝德　黄建红　马文宁　袁　烨　张政涛
　　　　　　　周长刚　蔚永旺　梁玉强　许　卫　李　镇　陈光伟
　　　　　　　夏鹏飞　毛　娟　孙　伟　范　鹏　陈春良　郭　伟
　　　　　　　苏　昂　张心源　钱晓彬　张小飞　顾焱华　周　亮
　　　　　　　马立学　杨平庆　董世伟　卜全龙　柳　民　张德军
　　　　　　　王若鹏　李　飞　代　岚　季　艺　韦　捷　陈　阳
　　　　　　　陈菊芳　唐　城　王　磊　唐晓俊　李雪锋　刘永松
　　　　　　　苗　全　赵德海　高　祥　吴琼敏　相　峥　刘　凡

编写单位

主要编写单位

江苏省交通运输综合行政执法监督局

协助编写单位

兴德（江苏）安全科技有限公司

中交路桥建设有限公司

中交隧道工程局有限公司

中济通设计集团有限公司

江苏科兴项目管理有限公司

南京飞搏智能交通技术有限公司

苏交安江苏安全技术咨询有限公司

江苏恒达安工程技术咨询有限公司

前　言

安全生产事关总体国家安全战略,是推动高质量发展的重要前提。为深入学习贯彻党的二十大精神和习近平总书记关于安全生产的重要论述,进一步推动行业安全生产管理新技术、新工艺的创新应用,助力打造高质量的平安工地、平安工程,江苏省交通运输综合行政执法监督局等单位组织编写了《江苏省公路水运工程平安工地建设创新案例》。

本书共收集21个案例,分为3篇:第1篇为通用(公路、水运)工程案例,第2篇为公路工程案例,第3篇为水运工程案例。通用(公路、水运)工程案例包含:"实景互动工人课堂"安全培训、施工安全隐患智能识别预警系统、"一会三卡"班组安全管理、带内隔离门的配电箱、高压架空线路预警防护网。公路工程案例包含:桥塔部品钢筋块体装配滑移胎架、钢桁梁桥面板装配式作业平台、弹性转动支架埋设地下连续墙侧向土压力盒、倒挂式梯笼、混合料运输车覆盖平台、墩身施工模块化安全防护架、可移动式多重安全限位器、混凝土墙式护栏施工自行式液压模板、可折叠式吊篮、折叠式外挂操作平台、钢箱梁顶推监测预警装置、可折叠安全爬梯、混凝土预制构件U形翻转台。水运工程案例包含:船闸基坑全自动降水装置、踏步板角度可调式爬梯、外海无掩护安全应急保障平台。全书内容丰富,覆盖面广,实用性强,可供广大工程技术人员阅读参考。

本书案例中的设计与验算仅是基于当时的相关标准和实施现场的工况,应用时宜根据最新标准和现场实际工况,重新设计和验算。

本书在征集、评选和编写过程中得到了各级交通运输主管部门、相关单位及专家的支持和指导,值此成书之际,一并表示感谢。由于编者水平有限,错误遗漏在所难免,恳请广大读者批评指正。

编　者

2023年5月

目　　录

第1篇　通用（公路、水运）工程案例 1
　　案例1　"实景互动工人课堂"安全培训 2
　　案例2　施工安全隐患智能识别预警系统 15
　　案例3　"一会三卡"班组安全管理 22
　　案例4　带内隔离门的配电箱 33
　　案例5　高压架空线路预警防护网 42

第2篇　公路工程案例 55
　　案例6　桥塔部品钢筋块体装配滑移胎架 56
　　案例7　钢桁梁桥面板装配式作业平台 75
　　案例8　弹性转动支架埋设地下连续墙侧向土压力盒 82
　　案例9　倒挂式梯笼 88
　　案例10　混合料运输车覆盖平台 106
　　案例11　墩身施工模块化安全防护架 113
　　案例12　可移动式多重安全限位器 142
　　案例13　混凝土墙式护栏施工自行式液压模板 153
　　案例14　可折叠式吊篮 164
　　案例15　折叠式外挂操作平台 173
　　案例16　钢箱梁顶推监测预警装置 186

案例 17　可折叠安全爬梯 196

案例 18　混凝土预制构件 U 形翻转台 209

第 3 篇　水运工程案例 219

案例 19　船闸基坑全自动降水装置 220

案例 20　踏步板角度可调式爬梯 225

案例 21　外海无掩护安全应急保障平台 235

CHAPTER 01

第 1 篇

通用（公路、水运）工程案例

案例 1
"实景互动工人课堂"安全培训

费国新[1]　季新年[1]　朱亚德[2]　王　祥[2]

（1.江苏省交通运输综合行政执法监督局；2.兴德（江苏）安全科技有限公司）

1　概述

为全面贯彻落实党的二十大精神和习近平总书记关于安全生产重要论述，围绕加强从业人员安全培训、提升从业人员安全素质、提高工人标准化施工水平的总体要求，创新开发"实景互动工人课堂"安全培训模式，让安全专家进工地、到一线，与工人面对面互动交流，直击要害、化解风险，"把课堂搬到现场"；将施工现场"工人自己的事或身边的事"作为安全培训的核心内容，暴露隐患、示范引领，实现"把工地搬到课堂"。

2　案例简述

2.1　目的意义

"实景互动工人课堂"安全培训模式可有效克服口说式、抽象式和填鸭式教学弊端，做到培训内容与现场实际不脱轨，进一步提高安全培训质量和效果，促进工人明隐患、知措施，自查、自学、自改，增强工人对安全操作的自觉性、风险隐患的敏感性和危险预知的判断力，切实提高自我安全防护技能，助力打通安全管理"最后一公里"。

2.2 主要内容

"实景互动工人课堂"安全培训的核心内容包括现场实景互动交流、实景互动交流课件和课堂回顾互动交流三个方面。

（1）现场实景互动交流包括：专家与工人互动交流、现场全程视频拍摄记录。

注意：①专家与工人互动交流阶段，需要选择熟悉现场及施工的专家，专家应预先熟悉工程内容、施工环境、施工工艺和设备，通过专家现场观察、询问工人、与工人交流探讨三种形式，以鼓励、启发式引导的方式把现场安全要素通过交流直接传达给工人；②若专家在现场发现重大事故隐患，则必须立即向责任单位反映，现场负责人要果断有效处置；③现场全程视频拍摄记录阶段，需拍摄不做迎检包装的施工现场和互动交流全过程。

（2）实景互动交流课件包括：实景互动交流视频制作、实景互动课堂演示文稿（PPT）制作、《实景互动工人课堂安全教育手册》编写、安全测试题目练习。

注意：①实景互动交流视频制作阶段，制作的视频包括互动交流全程视频、典型安全防护标准化视频、典型安全操作规范化视频、典型问题隐患视频、典型施工现场视频；②实景互动课堂PPT制作阶段，PPT需图文并茂，并至少包含施工现场施工概况、问题隐患、典型事故案例、针对性解决方案、安全标准化做法等相关内容；③《实景互动工人课堂安全教育手册》编写阶段，图书需图文并茂，编写内容包括安全权利义务、现场安全管理、安全技术措施、施工安全注意事项、典型事故案例警示教育视频二维码等；④安全测试题目，包含随堂问答题、操作示范题、课后线上测试题等。

（3）课堂回顾互动交流包括：观看实景互动交流视频、课堂安全互动交流、安全知识和技能测试、优秀工人学员颁奖。

注意：①课堂安全互动交流阶段，工人学员（即视频中出现的工人和其他工人）从视频和图片中找安全问题隐患，将文字性隐患描述转变为真实的现场隐患图像，极大地提高了工人的隐患识别力；通过培训老师的启发式提问，学员自然地把控住了关键性安全事项；培训老师开展针对性安全风险分析，即对现场问题隐患进行分析，并结合问题隐患可能导致的典型事故案例进行讲解，同时给出正确做法或提出解决方案。②安全知识和技能测试阶段，包括线上实时安全知识测试和典型安全操作技能测试。测试内容包括起重信号指挥手势、临时用电设置、安全劳动防护用品佩戴、相关安全设备设施操作、相关安全警戒警示设置等。③优秀工人学员颁奖阶段，向优秀工人学员颁发证书和奖品等。

"实景互动工人课堂"安全培训内容框架如图1-1所示。

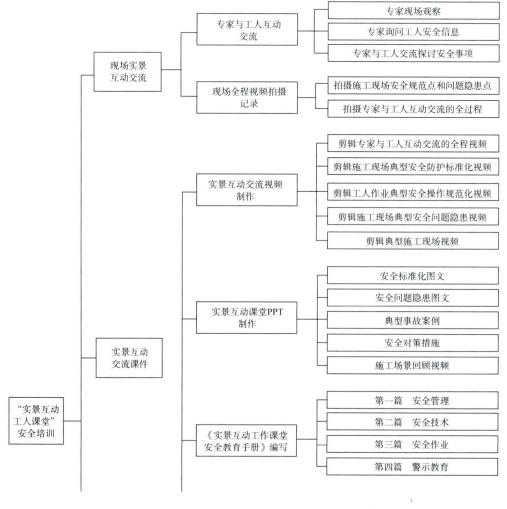

图 1-1

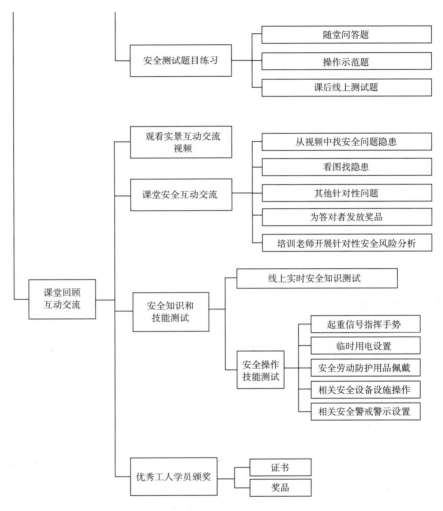

图 1-1 "实景互动工人课堂"安全培训内容框架

2.3 创新要点

2.3.1 解决的主要问题

当前安全培训存在的问题主要表现在：

（1）方式简单。安全教育培训方式多为授课和观看视频，不分对象、不分工种，存在"一锅煮"的现象，缺乏针对性、有效性，参加培训人员学习兴趣较低。

（2）理解困难。据统计，江苏省内公路水运工程现场工人平均年龄为48岁，其中50岁以上的占半数以上，文化程度大多为初中，对现行的安全管理要求理解困难，难以及时发现并解决问题。

（3）效果不佳。缺乏信息化手段，培训效果难以评估，跟踪问效不够及时，培训效能难以提升。

"实景互动工人课堂"安全培训专家现场互动基于真实的、没有"包装"的施工现场，做到直面问题、直击隐患，专家针对高风险项、习惯性违章、类似事故、防护机理、现行规范要求等与现场作业人员互动交流，做到在现场发现和解决问题、在课后巩固和提升水平。相比于现有的虚拟现实（VR）培训、安全体验、实操演示、课堂式培训、考卷式培训等常规培训方式，"实景互动工人课堂"安全培训内容针对性更强、形式互动性更好、考核有效性更佳。

2.3.2 创新点

（1）创新点一：培训内容源于现场"真人真事"，做到了贴合实际、直面问题，提升了培训内容的针对性和丰富性。

一方面，充分利用工人身边的人和事作为第一手材料，培训视频、PPT以及《实景互动工人课堂安全教育手册》等素材直接来自工人作业一线，包括现场存在的"三违"现象、问题隐患，以及安全防护标准示范、施工工艺安全技术等，融合安全培训和安全技术交底，克服了安全培训只讲安全不讲技术、将安全与技术割裂的问题；另一方面，通过对工人自身作业行为、所处作业环境、施工工艺的安全状况的讲解来教育工人，可以让工人直接面对并知晓自身存在的安全问题、身边同事存在的安全问题、自身所处环境存在的安全问题、施工方式方法存在的安全问题，同时结合专家在现场和课堂上的讲解和指导，还可以让工人知道这些安全问题可能导致什么后果、怎样做才是安全的，对自身可能面临的安全问题想得到、看得到、管得到，使得培训内容更加"接地气"，更加贴近工人实际需求，更加引起工人的共鸣，确保工人对培训内容听得懂、记得住、用得上。

（2）创新点二：培训形式串接"现场"和"课堂"，做到了教学兼备、氛围更浓、更加人性，提升了培训形式的互动性和易接受性。

一方面，通过现场和课堂不同空间、不同时间的互动交流形式，课程设计在形式上具有很强的感染力和亲切感，不同的专家可以在不同时间、不同空间面对工人，讲解不同层次、不同深度的内容，使得现场和课堂相互补充，互动交流气氛浓烈，将需要传达给工人学员的知识和技能讲解清楚、传递到位；另一方面，在互动交流时，专家与工人面对面"现身说法"，在现场的整个过程都会被真实完整地记录下来，然后在课堂上进行"回顾复盘"，对优秀工人的工作风采和精神风貌进行展示，提升工人们的荣誉感，并且在讲解过程中穿插现场的实际拍摄情况，更加直观、贴切地展示工人作业过程中做得好的部分以及存在的问题，让工人们有所思考，做到从个体到群体再到个体，充分调动参与积极性。将专家传授和学员反思相结合，让工人学员对培训方式更容易接受，培训中听得进、有触动、效果好。

（3）创新点三：培训考核涵盖线上和线下、理论和操作，做到了多样化、闭环化、信息化，提升培训考核的有效性和真实性。

一方面，考核形式包括互动式随机提问、现场操作测试、理论知识测试等，贯穿培训的整个过程，针对相关测试题，专家也会当场给出正确答案和相关讲解，做到及时反馈、闭环管控；另一方面，在理论测试方面运用"工程专家"微信小程序进行题库设置，工人学员利用手机答题，可实时公布成绩，及时纠正错误，及时对培训效果进行评估，做到查漏补缺、跟踪问效。

2.4 应用前景

所有安全培训的成效，最终都要通过从业人员来体现，只有提升了从业人员对安全风险或危险的感知能力、认知水平和应对技能，才能真正做到全面提升从业人员安全素质，才能为全面落实安全生产责任制打下坚实的基础，才能保证人的安全行为、物的安全状态、作业现场的安全条件，才能有效预防事故发生，实现项目建设"零伤亡"的目标。

"实景互动工人课堂"安全培训内容丰富、形式新颖、教学兼备，以直达人心、直面问题的培训方式，确保一线作业人员对培训内容能够"入耳入脑入心入手"，对安全知识和安全操作技能够听得懂、记得住、用得上，有效克服常规安全培训方式"不走心"、培训方法"不落地"、培训内容"不接地气"、培训考核"走过场"的弊端，开启了交通工程建设领域真人互动安全教育培训先河。"实景互动工人课堂"安全培训始终抓住提高一线工人安全素质这个根本，为真正做好安全教育培训工作提供新的指引，为进一步提升交通建设工程本质安全管理水平提供有力保障。

2.5 效果分析

根据"实景互动工人课堂"安全培训反馈评价，开展"实景互动工人课堂"安全培训的施工项目都未发生生产安全事故，并都相继获评平安工地省级"示范工地（工程）"。通过实施"实景互动工人课堂"安全培训，促进解决安全责任传递"上热、中温、下凉"问题，从源头上减少一线从业人员"三违"现象，从而有效降低因人的不安全行为导致事故发生的概率。

3 适用范围

"实景互动工人课堂"安全培训适用于公路、水运、铁路、城市轨道交通、市政、房建等工程建设领域，可成为从事危大工程和高风险工序施工、特殊作业的从业人员的安全专题培训。

4 实施流程

"实景互动工人课堂"安全培训实施流程如图1-2所示。

"实景互动工人课堂"安全培训实施流程包括以下五个阶段：策划准备阶段、现场交流阶段、课件制作阶段、课堂交流阶段、培训考核阶段。

（1）策划准备阶段。专家对工程项目情况进行调研，分析安全培训需求，形成"实景互动工人课堂"策划书。通过熟悉环境风险、重大安全点和不易达到的安全要求，选定人员相对集中、施工作业风险高的作业区域作为互动交流的切入点，并根据现场的作业工序确定一个有针对性的培训主题和相应的培训工种，最终确定实景交流时间、地点以及培训主题、工种。

（2）现场交流阶段。开展"现场实景互动交流"，并且在专家与工人进行互动交流过程中搜集相关视频、图片等培训素材。"实景互动工人课堂"安全培训没有剧本、没有摆拍，看到什么就与工人交流什么，没有一成不变的套路，一次一个专题。当工人提出一些安全管理的难点、痛点、敏感性问题时，需要专家妥善回复，特别是在指出"三违"现象时，不能简单粗暴地做出回应，要有一定的交流技巧，因此该阶段对专家的综合能力要求较高。专家到达施工现场后，首先对正在作业的工人进行"安全行为观察"和作业现场"安全状态观察"；然后有针对性地选择部分工人（如特定工种等关键性岗位）进行询问，可以询问工人的基本安全信息，如是否持证、是否接受岗前培训等，也可以询问工人对相关安全操作方法（规程）、安全注意事项、现场安全风险隐患识别或危险

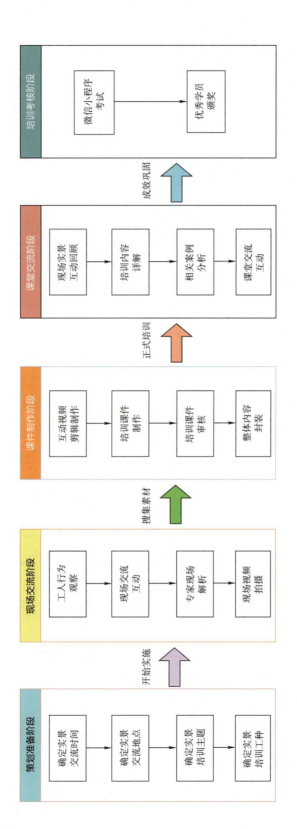

图1-2 "实景互动工人课堂"安全培训实施流程

预判等知识和技能的掌握情况；接着，专家根据互动交流情况和自己的判断，有针对性地与工人交谈，在交谈中进行现场安全指导，可以肯定工人在作业中安全的部分，指出具体哪些做得好，还可以指出不安全的部分，进而及时纠正人的不安全行为、改善物的不安全状态、消除环境的不安全因素等。

（3）课件制作阶段。根据搜集到的培训素材制作/编写后期课堂培训用的视频、PPT、《实景互动工人课堂安全教育手册》及题库。在视频剪辑过程中，要控制时长、精简内容，挑选出现场交流最精彩、最具代表性的部分。视频素材不限于现场拍摄的内容，还可以包括施工模拟、事故案例、安全动画等其他相关内容。在制作PPT时，要根据培训主题，选择正反两方面的图片，图片可以是现场拍摄的照片、漫画、设计图等；为便于讲解，还需要根据风险管控流程来编排合适的内容、选择合适的案例，做到图文并茂、重点突出、形象生动、简洁美观。在《实景互动工人课堂安全教育手册》编写时，要考虑与PPT内容的对应性和互补性，以及相关知识要点的全面性和针对性，同样做到图文并茂、重点突出。在制作题库时，要考虑与视频内容、培训内容的对应性，题目不宜过于复杂，应涵盖通用安全知识、典型安全技术，并以视频题、看图解题、问答题、判断题、单选题为主。

（4）课堂交流阶段。"课堂回顾互动交流"，即专家在室内对工人学员进行授课讲解、互动交流。在与学员互动时，对于学员回答不全面、不准确的情况，授课专家应当场判定，并给出正确的指导。该阶段对专家的临场发挥能力要求较高。"课堂回顾互动交流"与"现场实景互动交流"的专家通常不是同一人，但两者需要有效配合，且需要跟踪"现场实景互动交流"整个过程，对工程项目、施工内容、风险隐患、工人水平等有整体的把握，熟悉和掌握相关法律法规、标准规范、施工技术、安全知识、事故案例等内容。

（5）培训考核阶段。对工人学员知识和技能掌握情况进行考核，对培训效果进行评价，对优秀学员给予激励奖励。培训考核不限于在培训结束后的集中测试，还可以贯穿整个培训过程。

5 应用实例

以某项目"起重吊装'实景互动工人课堂'专题安全培训"为例，对"实景互动工人课堂"安全培训实施过程中的内容要点进行介绍。

培训主题：起重吊装"实景互动工人课堂"专题安全培训。

培训工种：起重机指挥（Q1证）、起重机司机（Q2证）、司索工、辅助工等。

注意： 根据《特种设备作业人员考核规则》（TSG Z6001—2019）规定，桥式起重机司机、门式起重机司机、塔式起重机司机、流动式起重机司机、门座式起重机司机、升降机司机、缆索式起重机司机及相应指挥人员需要取得"特种设备作业人员证"；起重机械司索作业人员、起重机械地面操作人员和遥控操作人员、桅杆式起重机和机械式停车设备的司机不需要取得"特种设备作业人员证"，但应对相关人员的从业能力进行培训和管理。

内容要点：起重吊装作业基础知识、起重吊装的通用手势信号、起重吊装作业"十不吊"、起重吊装作业安全考核测试等。

（1）起重吊装作业基础知识。

从汽车起重机的进场验收、作业队伍吊装资质、作业人员持证要求、作业现场检查、设备操作、设备安全注意事项、现场存在的安全隐患等方面，结合现场实际情况进行讲解，相关课件内容示例如图1-3、图1-4所示。

a)

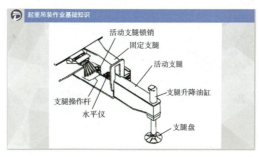
b)

图1-3　起重机械安全技术知识

a)

b)

图1-4　现场检查起重吊装安全条件（视频和照片）

（2）起重吊装的通用手势信号。

结合标准的起重指挥手势，现场对起重指挥信号工进行培训，指导工人将动作调整规范，相关课件内容如图1-5所示，信号指挥操作技能课堂测试、安全知识点问答和讲解分别如图1-6、图1-7所示。

图1-5　现场抽查起重指挥信号工知识掌握情况（视频）

图1-6　信号指挥操作技能课堂测试

图1-7　安全知识点问答和讲解

（3）起重吊装作业"十不吊"。

现场询问工人对起重吊装"十不吊"的掌握情况，详细讲解"十不吊"的原因及起重吊装作业中应该注意的吊装要点，列举众多事故案例，让工人更加深刻地体会安全操作的重要性，如图1-8、图1-9所示。

a) b)

图1-8　现场询问工人对起重吊装"十不吊"知识掌握情况（视频）

a) b)

图1-9　现场指出起重吊装问题隐患（视频和照片）

（4）起重吊装作业安全考核测试。

通过微信小程序，在培训课堂上即进行安全知识考核测试，巩固课堂教育成效，如图1-10、图1-11所示。

1.点击"正式考核"　2.注册个人信息　3.确认信息参加考试　4.填写考试码　5.填写信息，进入考试

图1-10　学员培训效果实时考核流程（线上考核）

图1-11 学员培训效果实时考核(线上考核)

6 成果应用

截至2023年4月,"实景互动工人课堂"安全培训已成功在G343国道大丰至盐都段工程、常泰长江大桥南接线工程、京沪高速公路沂淮淮江段改扩建工程、江陵路快速化改造一期工程(S230—苏嘉杭高速公路)、长深高速公路并行段改移工程、沪苏湖铁路工程、溧宁高速公路工程等数十个项目中应用,培训主题涵盖特种设备、起重吊装、临时用电、支架安拆、基坑开挖、交通组织等方面,为60余家参建单位、3800余名从业人员提供安全培训,累计开展培训50余场次,线上线下累计35000余人参加培训。G343国道大丰至盐都段工程起重吊装"实景互动工人课堂"安全培训被列为"喜迎二十大 强国复兴有我"江苏省公路水运工程平安工地建设专家巡回指导服务现场会重点推广内容之一。

案例 2

施工安全隐患智能识别预警系统

孙 伟[1]　马文宁[2]　刘 飞[1]　韦 捷[2]

（1. 343国道大丰至盐都段工程项目管理办公室；2. 南京飞搏智能交通技术有限公司）

1　概述

2021年，江苏省交通运输厅印发《江苏省"十四五"智慧交通发展规划》，文件明确提出："通过运用5G、北斗、BIM、物联网、人工智能、云计算等新一代信息技术，实现对各类干扰因素的全天候智能感知和实时预警，实现大流量、复杂环境下的精细管理、科学养护和品质服务，为管理者和公众提供面向服务、安全、效率的新一代公路交通系统。"为推进新技术、新装备在施工安全管控领域的深入应用，进一步提升施工现场安全管控智能化水平，G343国道大丰至盐都段工程项目管理办公室联合南京飞搏智能交通技术有限公司研发"施工安全隐患智能识别预警系统"，实现计算机视觉、人工智能（AI）、物联网等技术装备与安全生产管理的深度融合。

该系统依托深度学习技术，为监测监控设备提供图像AI分析感知能力，全天候对项目现场的人员行为、设备状态、施工环境进行主动监测分析，对识别出的隐患通过现场广播方式实时预警，全面提升风险感知和隐患排查能力。

2　原理和特点

2.1　系统架构

施工安全隐患智能识别预警系统架构总体分为四层，分别为支撑层、硬件层、平台层、服务层,如图2-1所示。

图2-1 施工安全隐患智能识别预警系统架构图

(1)支撑层依托项目安全管控系统提取项目用户、组织机构、权限、地理信息系统(GIS)、实名制等数据,为隐患识别精确化及预警分级推送提供基础,同时减少项目管理系统维护工作量,做到数据通用、数据贯通。

(2)硬件层依托多种物联网监控监测设备,实现实时数据采集、数据汇总、数据分析,通过语音播报器实现实时预警。依托视频监控可提供高性能、高算力、高性价比的硬件支撑,实现多路视频结构化分析,如图2-2所示。

(3)平台层为AI分析平台,主要提供通用算法模型及适应于施工现场的行业算法模型。通用算法包括人脸识别、人员肢体动作识别、车牌识别、禁区闯入识别等,行业算法包括教育培训不合格人员识别、气瓶倒伏识别、人员防护装备识别及与气象监测站相结合的异常天气违规施工识别等。

(4)服务层由AI监控中心+预警中心+信息可视化中心+基础应用平台构成,形成

"三中心一平台"的结构化管理模式,为用户提供灵活便捷的人工智能分析服务。

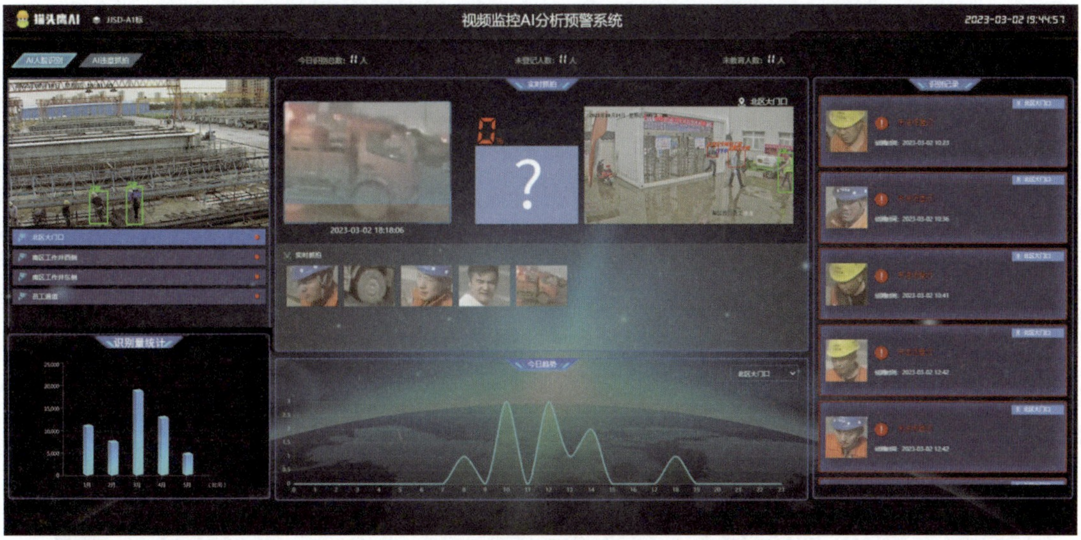

图2-2 施工安全隐患智能识别预警系统应用界面

2.2 系统能力

施工安全隐患智能识别预警系统识别分类及识别内容见表2-1。

系统识别分类及识别内容　　　　　　　　　　表2-1

分类	识别内容
人员状态识别	非项目人员进入施工现场识别
	教育培训、技术交底不合格人员进入施工现场识别
	考核不合格人员进入施工现场识别
	"黑榜"人员进入施工现场识别
人员不安全行为识别	禁区闯入识别
	重点防范区域抽烟、使用手机通话识别
	未按规范佩戴防护用品(安全帽、反光背心等)识别
	异常奔跑、跌倒识别
	人员落水识别
	人员聚集识别
设备设施隐患识别	施工场地车辆超速识别
	气瓶倒伏识别
现场环境隐患识别	烟雾火焰识别
	异常天气违规施工识别
	高空坠物识别

2.3 创新要点

（1）创新点一：多系统多硬件联动，人、物、环多场景覆盖。

施工安全隐患智能识别预警系统结合多类型现场监测监控硬件，同时接入其他安全管控系统数据进行综合智能判别。以平安守护系统人员实名制数据为基础做到隐患处置定位到人，结合现场语音广播终端做到隐患通知即时预警，配合现场气象监测站做到异常天气违规施工预警，结合人员积分管理做到违规人员自动扣分等，全天候一体化安全监管，成为施工现场24小时值守的"安全哨兵"，如图2-3所示。

a) 未按规范佩戴防护用品（安全帽、反光背心等）识别

b) 烟雾火焰识别

c) 重点防范区域使用手机通话识别

d) 施工场地车辆超速识别

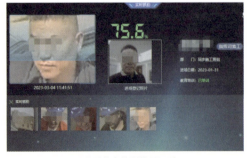

e) 人员教育培训情况识别

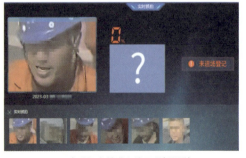

f) 未登记人员进入施工现场识别

图2-3 施工安全隐患智能识别预警系统识别场景画面

（2）创新点二：建立智能判别、自动预警、监督处置、关联处罚的全流程智能化隐患处理机制。

施工安全隐患智能识别预警系统对人员状态、人员不安全行为、设备设施隐患、现场环境隐患进行智能判别，针对隐患类型及严重程度分级预警，预警消息通过微信、短信、系统消息等方式向不同管理人员推送。重点预警更会触发系统隐患整改通知，自动设定整改期限及关键责任人，督导整改，同时还可根据管理要求进行关联处罚，实现全流程智能化隐患处理。全流程智能化隐患处理流程如图2-4所示。

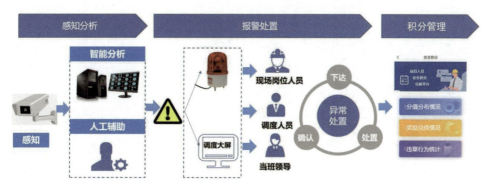

图2-4　全流程智能化隐患处理流程图

（3）创新点三：建立人员行为状态智能评价模型，实现自动化评分、评比，以信息化形式展现人员"红黑榜"。

研究开发了项目人员"红黑榜"自动化评分模型，实现信息技术与人员安全管控的深度融合，实时进行人员自动化评价。施工安全隐患智能识别预警系统融合人员行为智能识别、人员教育培训、人员技术交底、人员考勤、人员考核等多类型数据，依托智能评价模型对人员进行评价，设定指标体系，建立项目人员"红黑榜"，并以信息化形式展现，推动现场作业人员提高安全意识。

2.4　应用前景

（1）针对施工现场安全生产的诸多难点和痛点，深度运用人工智能图像识别技术，用传统摄像头和基于图像的智能算法替代"人眼"和"人脑"，将监管人员从枯燥的"盯屏幕"工作中解放出来，改变工作方式，提高工作效率。

（2）施工安全隐患智能识别预警系统已实现多场景应用，能够自动识别生产过程中的隐患，提前预警，保障人员和财产安全，助力企业成功实现智能化、数字化转型，让生产安全更可控，应用前景广阔。

2.5 效果分析

（1）实时监测，智能识别隐患。

利用项目施工现场视频监控设备，结合前端AI识别终端，可实现项目现场的人员行为状态、施工环境全天候主动监测分析，成为施工现场24小时值守的"安全哨兵"，有效实现降本增效。

（2）超前预警，快速识别感知。

支持前端和中心智能分析，并将分析结果自动推送至预警平台，及时发出预警；预警分级推送，现场安全管理人员依据预警分级进行处置，满足安全生产场景的监测需求，避免事故发生，提升安全生产的管控水平。

（3）联动处置，提升应急水平。

依托AI智能监测与识别、处理、分发等服务，对异常情况进行智能语音提醒和通知，提升应用处置的科学性、精准性和实现快速响应。

图2-5 监控巡查

3 典型实例

G343国道大丰至盐都段工程项目于2022年10月开始应用"施工安全隐患智能识别预警系统"，监控识别区域包括钢筋加工场、架桥机作业区、施工区主便道等，识别场景包括施工人员未规范佩戴安全防护用品、未登记未教育人员进入施工现场、施工人员抽烟或使用手机通话、禁区闯入、人员异常奔跑聚集、烟雾火焰等。自该系统应用以来，项目人员安全意识有了明显提升，系统预警量在1个月内降低近52%，成效显著。G343国道大丰至盐都段工程项目实际应用情况如图2-5～图2-8所示。

4 应用成果

"施工安全隐患智能识别预警系统"研发上线以来，已在江苏、浙江、广东等多个省(自治区、直辖市)的12个公路水运工程项目施工现场实际应用,如江阴靖江长江隧道工程项目、杭绍甬高速公路杭绍段项目等。

图2-6 系统培训

图2-7 现场应用

图2-8 应用效果

截至目前,施工安全隐患智能识别预警系统针对人员状态已识别出12951条安全隐患,包括施工现场人员未登记、未教育培训、未技术交底等;针对人员不安全行为已识别出7421条安全隐患,包括未规范佩戴安全防护用品、禁区闯入、重点区域抽烟或使用手机通话等;针对设备设施状态已识别出1354条安全隐患,包括车辆超速、气瓶倒伏等;针对施工现场环境已识别出685条安全隐患,包括异常天气违规施工、现场出现异常烟雾火焰、高空坠物等。该系统的应用,有效提升了隐患处理效率,进一步防范安全事故的发生。

案例 3

"一会三卡"班组安全管理

许 卫[1] 周正殿[1] 蔚永旺[2] 唐 城[3]

（1. 盐城市高速公路建设指挥部；2. 中交路桥建设有限公司；3. 兴德（江苏）安全科技有限公司）

1 概述

为进一步夯实安全生产基础工作，着力解决工程建设安全生产主体责任落实方面存在的问题，促进安全生产保障能力不断提升，有效防范和遏制重特大、易发频发安全生产事故的发生，防范化解交通运输安全生产重大风险，打通班组安全管理"最后一公里"，将安全生产要求传导到一线施工人员，提高基层安全意识和应急救援能力，建立安全生产班前会、作业要点卡、风险提示卡、应急明白卡（简称"一会三卡"）管理体系。

2 案例简述

2.1 目的和意义

建立安全生产班前会和作业要点卡、风险提示卡、应急明白卡管理体系，提高岗前教育的针对性、全面性，提高基层生产管理人员安全意识和应急救援能力，将安全生产要求准确向一线施工人员传达，不断增强全员安全生产责任意识，助推项目风险分级管控和隐患排查治理双控机制落实落地，逐步实现人人懂安全和从"要我安全"向"我要安全"的自主安全状态的转变。

2.2 主要内容

"一会三卡"中的"一会"指安全生产班前会,"三卡"指作业要点卡、风险提示卡和应急明白卡。

班前会主要内容:①班前点名,各作业班组到指定地点集合、列队,班组长点名,有专人拍照或录视频,参加班前安全"晨会"所有人员均应在影像资料中体现。②班前检查,检查安全防护用具、安全防护服装和当天所用的劳动用品、电动工具、临时用电接电线路等情况,检查当天拟作业人员的身体和心理状况(对于身体状况不好的作业人员,应有相应的管理措施),了解当班人员身体状况和思想状况;关注作业人员的心理状况和行为习惯,加强对作业人员的心理疏导,防范作业人员行为异常导致事故发生。③布置工作任务,明确本作业班组当天的工作内容、需完成的工作指标及工作位置,将分工明确到每位作业人员。④开展班前安全技术交底。⑤开展班前安全管理交流,传达前一天上级的有关文件、会议精神,及时协调未解决的问题,总结前一天工作情况,对出现的问题或存在的隐患进行点评、分析。⑥"八个必讲",必讲内容包括上一班安全情况、班组长及安全员必须把控的安全环节、本班组安全生产现存问题、特殊工种岗位要求等。

(1)作业要点卡明确了不同施工部位、不同工种的作业控制要点,包括作业部位、工序分解、每道工序的作业控制要点等内容。

(2)风险提示卡明确了不同施工部位、不同工种的潜在风险及管控措施,涵盖了不同的工作环境所面临的风险,如桥梁下部结构施工可能存在物体打击、机械伤害、起重伤害、触电、淹溺、高处坠落、坍塌和容器爆炸等,上部结构浇筑与安装可能出现物体打击、车辆伤害、机械伤害、起重伤害、触电、高处坠落、坍塌等,桥面系及附属工程可能存在物体打击、车辆伤害、机械伤害、起重伤害、高处坠落等。此外,还包括分部分项工程、工序分解过程中存在的潜在风险、可能出现的后果、风险等级、风险控制措施、应对解决措施、风险分级管控责任人等内容。

(3)应急明白卡则明确了不同施工部位、不同工种在工作中可能遇到的安全事故及应急处置措施,包括作业内容/部位/工序、事故类型、应急处理措施、应急责任人联系方式、社会救援联系方式。

2.3 创新点和解决的主要问题

(1)创新点:建立与一线施工人员密切相关的"一会三卡"管理体系,帮助现场施工人员掌握工作要求、风险情况及应急处置措施，告知当天作业的风险点、可能发生事故的环节和部位、应采取的防护措施及注意事项等，切实让每一位作业班组人员掌握安全控制要点。

（2）解决的主要问题：解决工程建设安全生产主体责任落实方面存在的问题，促进安全生产保障能力不断提升，有效防范和遏制重特大、易发频发安全生产事故的发生，将安全生产要求准确向一线施工人员传达，增强基层安全意识，提高应急救援能力。通过建立"一会三卡"管理体系，一线作业人员可以清楚地了解自己的作业要点、可能遇到的风险以及应采取的应急处置措施。

3 适用范围

"一会三卡"管理体系适用于施工班组的三级教育、安全交底、应急处置等。

4 实施流程和操作要点

4.1 实施流程

阜宁至溧阳高速公路建湖至兴化段（盐城境）参建单位统一将"三卡"制作成卡册下发至各班组，供施工人员针对施工作业类型选择性快速学习；也可在相应的工点制作"三卡"标牌，作为进场安全提醒，在"三卡"标牌前进行现场交底，对照条文进行安全排查，避免漏项，避免记不得、记不全。

盐城市高速公路建设指挥部将"一会三卡"工作开展情况作为安全生产检查的重要内容，每半年至少进行一次专项检查，并形成专项检查记录。

4.2 操作要点

4.2.1 建立安全生产班前会制度

（1）施工单位建立安全生产班前会制度，利用"平安守护"系统每日上传班前教育视频。

（2）安全生产班前会的"三贴近"为贴近员工、贴近安全、贴近生产一线，"四常新"为主持人常新、内容常新、形式常新、地点常新。

（3）施工单位每月对各个班组召开班前会的情况进行评比，对认真召开、内容到位、资料齐全的班组进行奖励，对开展较差的班组给予处罚。

4.2.2　制定作业要点卡

（1）施工单位分作业部位、分工种明确各自的作业控制要点，合理安排作业工人数量。

（2）告知责任人及所有一线施工人员应分作业部位、分工种在相应作业要点卡上签字确认。

4.2.3　制定风险提示卡

（1）施工单位分析存在的风险，并参照风险评估等相关文件，明确风险等级。

（2）根据作业要点卡的不同作业部位、不同工种，明确可能出现的风险，以及相应的管控措施。

（3）告知责任人及所有一线施工人员应分作业部位、分工种在相应风险提示卡上签字确认。

4.2.4　制定应急明白卡

（1）施工单位应明确可能造成的事故类型及应急处置措施。

（2）应明确应急联系人及社会救援机构的联系方式。

（3）告知责任人及所有一线施工人员应分作业部位、分工种在相应应急明白卡上签字确认。

5　关键技术控制要点

（1）施工单位建立本项目部"一会三卡"制度，做到一线施工人员人手一册，岗前及时告知并签字确认。将"一会三卡"工作落实情况作为安全生产检查工作的重要内容，每月至少进行一次专项检查，并形成专项检查记录。

（2）总监理办公室督促所辖施工单位严格落实"一会三卡"工作各项要求，将"一会三卡"工作落实情况作为监理巡视和安全检查的重要内容，每季度至少进行一次专项检查，并形成专项检查记录。

（3）指挥部把"一会三卡"工作贯彻落实情况作为监管工作重要内容，强化督导检查，对"一会三卡"工作落实差的单位予以通报并处罚。

6　应用实例和应用价值

盐城市高速公路建设指挥部通过红头文件形式下发并宣读了"八个必讲"要求，详细讲解建立安全生产班前会、作业要点卡、风险提示卡、应急明白卡管理体系内容；将印有"一会三卡"内容的手册配发到一线作业人员手中，将安全生产要求传导至阜宁至溧阳高速公路建湖至兴化段（盐城境）全线施工作业人员；同时将"一会三卡"制度落实与安全生产标准化建设、双重预防机制建设、日常安全管理等紧密结合起来，做到同步部署、稳步推进、互相促进。此外，各参建单位依托"一会三卡"主题劳动竞赛活动和不定期督导一线作业人员"一会三卡"知识掌握情况等，将"一会三卡"制度实施情况列为年度考核重要内容，定期通报，实施奖惩。

"一会三卡"制度实施之后，项目部每天利用"一会三卡"手册组织各班组召开班前会，项目管理人员现场监督"晨会"开展情况，确认作业班组人员出勤情况；开展班前检查，检查安全防护用品、人员身体状况和人员精神状态；明确当天生产任务，同时明确本作业班组当天的工作内容、需完成的工作指标及工作位置，将分工明确到每位作业人员；利用班前会进行安全技术交底，做好前一天工作的总结和协调解决遗留问题。严格做到"三贴近、四常新、八必讲"，对危大工程等施工过程中的注意事项和防范措施进行细致透彻的讲解，工人们在作业过程中也能够自觉地戴安全帽、穿防护服等，安全保护意识明显增强，施工作业逐渐规范。安全生产班前会如图3-1所示。

图3-1　安全生产班前会

（1）作业要点卡的应用：由项目部技术人员和班组管理人员携带作业要点卡，作业前对照安全技术交底同步使用，有效防止漏项，同时将"一会三卡"制度与危险作业审批相结合，吊装、动火等危险作业必须严格执行事前事后审批程序，作业过程中现场必须配备安全管理人员全程监督，严厉查处各类违章指挥、违规作业、违反劳动纪律等行为。施工所需临时用电作业许可证、高处作业许可证、动火作业许可证和架桥作业许可证如图3-2所示。

（2）应急明白卡的应用：将施工过程中的各类突发事故应急处置措施制作成应急明白卡，以现场公示牌的形式设置在各个作业面，同时向所有作业人员发放可随身携带的小册子，方便作业人员随时查看。在每日班前会、安全技术交底和应急培训教育时，同步配套使用应急明白卡，工人可随时随地查看翻阅，以进一步增加应急知识储备，同时可以扫描应急明白卡中的二维码（图3-3）观看相关急救小视频，更加直观地了解相关应急知识。

a) 临时用电作业许可证

图 3-2

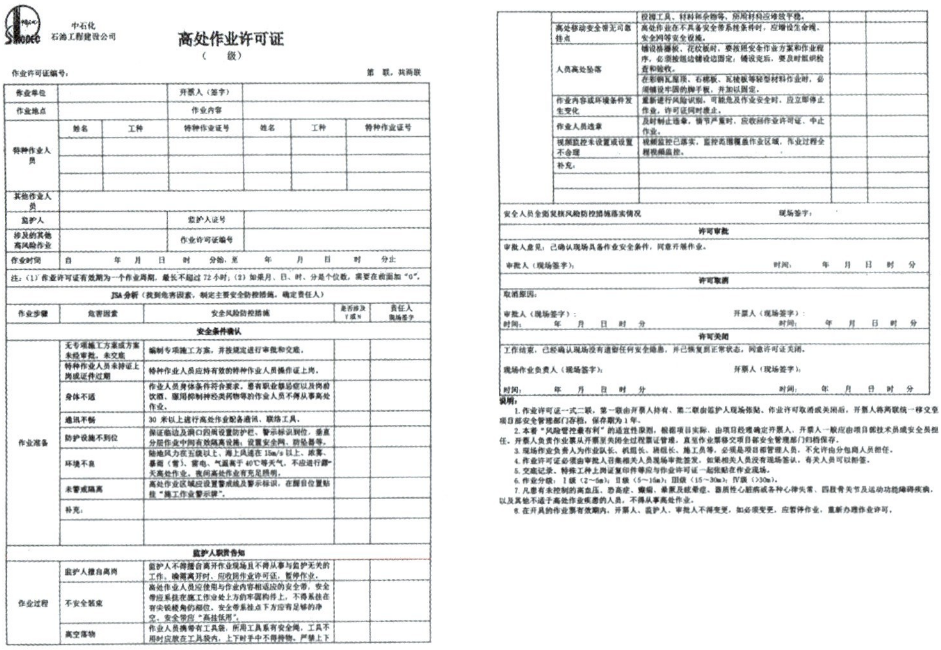

b) 高处作业许可证

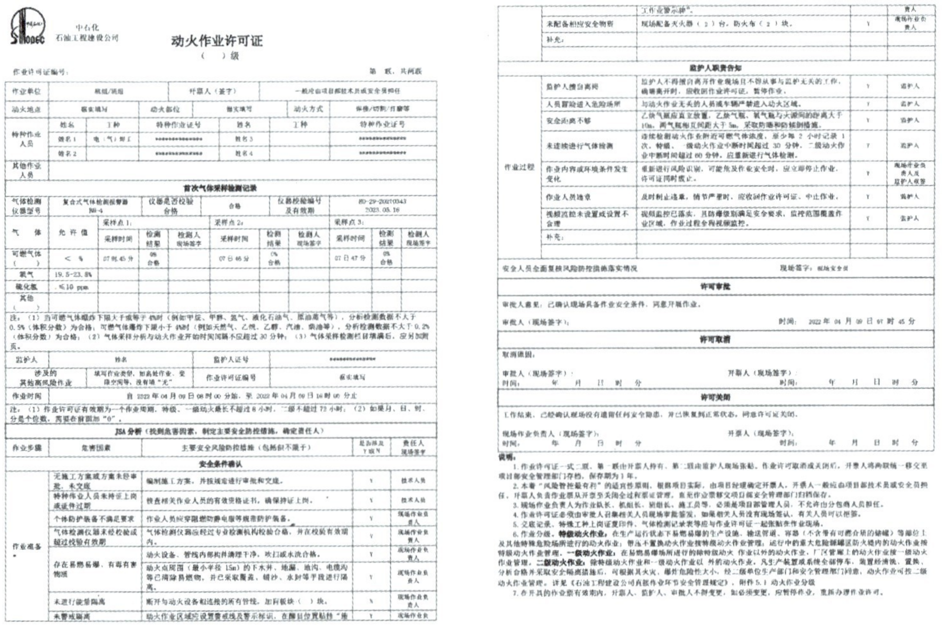

c) 动火作业许可证

图 3-2

中石化
石油工程建设公司

架桥作业许可证

作业许可证编号：　　　　　　　　　　　　第　联，共两联

作业单位			开票人（签字）		
作业部位		架桥机规格型号		桥梁规格及质量（t）	
架桥机操作人员		操作证编号			
架桥机指挥人员		操作证编号			
司索人员					
监护人		监护人证号			
涉及的其他高风险作业		作业许可证编号			
作业时间	自　年　月　日　时　分始，至　年　月　日　时　分止				

注：（1）作业许可证有效期为一个作业周期，架设一跨桥办理一次作业许可；（2）如果月、日、时、分是个位数，需要在前面加"0"。

JSA分析（找到危害因素，制定主要安全防控措施，确定责任人）

作业步骤	危害因素	主要安全风险防控措施（包括但不限于）	是否涉及Y或N	责任人现场签字
安全条件确认				
作业准备	无专项施工方案或方案未经审批，未交底	编制专项施工方案，并按规定进行审批和交底。		
	特种作业人员未持证上岗或证件过期	架桥作业指挥人员、操作手等特种作业人员应取得《建筑施工特种作业操作资格证书》，持证上岗。		
	架桥机本身存在缺陷	机械结构外观正常，各传动机构应灵活；架桥机限位器、止档块、视频监控、风速仪应安装齐全并有效；操作手控制台应设有紧急开关，且状况良好。		
		吊钩防脱钩装置良好，起吊天车升降和纵移行程限位、架桥机横移行程限位、防风装置有效。		
	架桥机吊具、吊索、枕木、钢墩等周转材料存在缺陷	每次过跨前对所用的吊具、吊索、枕木、钢墩等周转材料进行检查确认合格。		
	安全防护不当	作业人员在进行前支腿搭放调平作业时，应全程佩戴安全带并系挂牢固。		
	架桥机纵坡不符合要求或者防滑措施不到位，导致过跨过程中造成架桥机倾覆	主梁空载纵向前移时，应调整纵坡<3%不满足时应调整轨道至此要求。桥梁有上下纵坡时，架桥机纵向位移要有防止滑行措施。		
	自然环境不良	架桥机应有可靠的防风设施，雷、雨、雪、雾、六级以上大风等恶劣天气严禁作业，停止作业时要切断电源，架桥机和起吊天车应采取固定措施，以防发生意外。		
	补充			
监护人职责告知				
作业过程	监护人擅自离岗	监护人不得擅自离开作业现场且不得从事与监护无关的工作，确需离开时，应收回作业许可证，暂停作业。		
	起吊前未进行试车	起吊前应分别对架桥机横移、起吊天车纵移及其吊钩升降空载试车，确认电气控制可靠有效后方可进行起吊作业。		
	无关人员或车辆进入危险场所	架桥机作业过程中，桥面下必须有安全防护措施并设置警示标志，严禁行人和车辆从桥下经过。		
	作业内容或环境条件发生变化	重新进行风险识别，可能危及作业安全时，应立即停止作业，许可证同时废止。		
	违章作业	及时制止违章，情节严重时，应收回作业许可证、中止作业。		
		架桥机过跨施工过程中，要严格遵守架桥机安全操作规程，工序不得简化，所有零散构件都需要捆绑扎牢。每次过跨后要仔细检查架桥机两横移轨道间距，保证间距一致，并把轨道固定牢固。		
		起吊天车提升作业与携梁行走严禁同时进行，提升结束后必须使梁体稳定后，再启动起吊天车的行走机构使天车携箱梁平稳前移，移动速度要缓慢。		
		起吊天车非工作时间不得停放于主梁跨中部位。		
	视频监控未设置或设置不合理	视频监控已落实，监控范围覆盖作业区域，作业过程全程视频监控。		
	补充			

安全人员全面复核风险防控措施落实情况　　　　现场签字：

许可审批

审批人意见：已确认现场具备作业安全条件，同意开展作业。

审批人（现场签字）：　　　　时间：　年　月　日　时　分

许可取消

取消原因：

审批人（现场签字）：　　　　开票人（现场签字）：

时间：　年　月　日　时　分　　　　时间：　年　月　日　时　分

许可关闭

工作结束，已经确认现场没有遗留任何安全隐患，并已恢复到正常状态，同意许可证关闭。

现场作业负责人（现场签字）：　　　　开票人（现场签字）：

时间：　年　月　日　时　分　　　　时间：　年　月　日　时　分

说明：

1. 作业许可证一式二联，第一联由开票人持有、第二联由监护人现场张贴。作业许可取消或关闭后，开票人将两联统一移交至项目部安全管理部门存档，保存期为 1 年。
2. 本着"风险管控最有利"的适宜性原则，根据项目实际，由项目经理确定开票人，开票人一般应由项目部技术员或安全员担任。开票人负责作业票从开票至关闭全过程票证管理，直至作业票移交项目部安全管理部门归档保存。
3. 现场作业负责人为作业队长、机组长、班组长、施工员等，必须是项目部管理人员，不允许由分包商人员担任。
4. 作业许可证必须由审批人召集相关人员现场审批签发，如果相关人员没有现场签认，有关人员可以拒签。
5. 交底记录、特殊工种上岗证复印件应与作业许可证一起张贴在作业现场。
6. 在开具的作业票有效期内，开票人、监护人、审批人不得变更，如必须变更，应暂停作业，重新办理作业许可。

d) 架桥作业许可证

图3-2　作业许可证

阜宁至溧阳高速公路建湖至兴化段盐城境工程　　　　**应急明白卡**

附表 h-3 JHX-YC3 标应急救援线路图：事故救援机构及电话

序号	医院名称	医院地址	等级	门诊电话	距离	路线选择
1	建湖县恒济镇卫生院	中国江苏省盐城建湖县健康路与恒中路交叉口西 100 米	卫生院	+86（0515）86582999	1.5 公里（5 分钟）	金力路向东至文化路向北至恒丰路向西
						神力路向北行驶至恒丰西路向西
2	建湖县人民医院	中国江苏省盐城市建湖县南环路 666 号	综合医院（3A）	+86（0515）86213711	14 公里（10 分钟）	233 省道向北转南环路向东行驶
						331 省道向东转建宝路向北行驶至南环路向东
3	盐城市第一人民医院	中国江苏盐城市亭湖区毓龙西路 166 号	综合医院（3 甲）	+86（0515）88592872	48 公里（60 分钟）	省道 331 向东转建宝路向北进盐洛高速公路向东转盐靖高速向北进入青年路高架向北转西环路高架转毓龙西路向东
						走省道 331 向东转省道 232 向北转盐兴路向东至北环路向东南转毓龙西路向东到医院

综合应急预案

YC3标应急救援机构及电话　　　　安全警示片（坍塌事故）

a)

图 3-3

b)

图3-3 应急明白卡示例

（3）风险提示卡的应用：在每日班前会、安全技术交底和安全警示培训教育时，同步配套使用风险提示卡，工人可随时随地查看、翻阅，从而进一步增强风险防控意识，同时可以扫描风险提示卡中的二维码（图3-4）观看相关事故案例警示短片、视频等，直观了解安全生产事故的危害性。同时，风险提示卡上也增加"亲情助安"照片的相关内容，卡上贴有一线工人家属的相关照片，提醒、督促工人在工作时也要牢记"安全第一"。

"一会三卡"手册如图3-5所示。

为进一步扩大"一会三卡"制度的影响力，各项目部将"一会三卡"与"安全积分超市"相结合，为一线作业人员发放安全积分卡，持卡人可通过落实"一会三卡"制度等安全行为获得相应积分，用积分换取"安全积分超市"内的商品。在积分换物的正向激励作用下，项目部一线人员全员安全生产责任制意识不断增强，助推项目风险分级管控和隐患排查治理双控机制落实落地，逐步实现从"要我安全"向"我要安全"的转变。相关活动如图3-6～图3-9所示。

第 1 篇　通用（公路、水运）工程案例

图3-4　风险提示卡示例

a)

b)

图3-5　"一会三卡"手册

图3-6　积分超市

图3-7　积分兑换告知牌

图3-8 兑换登记　　　　　　　　　　　　　图3-9 积分兑换

7 创新证明

严格落实"一会三卡"制度是2021年湖南省首推的安全工作要求,与此同时,江苏省住房和城乡建设厅于2022年底推行"班前安全晨会"制度,盐城市高速公路建设指挥部推行的"一会三卡"制度,在打通安全生产"最后一公里"上发挥了较大的推动作用。"三卡"示例如图3-10所示。

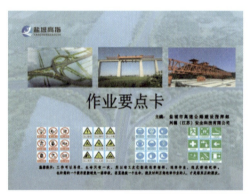
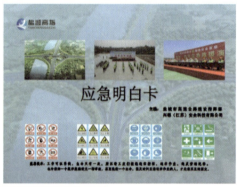
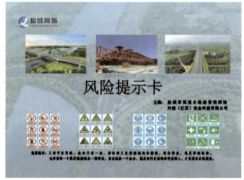

图3-10 "三卡"示例

案例 4

带内隔离门的配电箱

许 卫[1] 周正殿[1] 周晓峰[2] 颜道勇[2]

（1.盐城市高速公路建设指挥部；2.中石化胜利建设工程有限公司）

1 概述

为规范临时用电接电行为，实现临时用电分级管控，在对高速公路施工临时用电配电进行相关标准化设计后，按照《低压成套开关设备和控制设备 第4部分：对建筑工地用成套设备（ACS）的特殊要求》（GB 7251.4—2017）标准的要求，在单层门配电箱内加装内隔离门和外部紧急断电按钮，设计了接电权受控的配电箱系列产品，杜绝了非电工接电现象，且该系列产品已通过中国质量认证中心"CQC"安全型式试验和质量认证；同时，"双层门配电箱保护设计"获得2022年度盐城市交通运输建设"微创新"成果认定，并已成功应用于阜宁至溧阳高速公路建湖至兴化段（盐城境）JHX-YC2标等多个工程建设项目。带内隔离门的配电箱广泛适用于公路水运工程等施工现场及标准化场站临时用电。

2 原理和特点

2.1 工作原理

2.1.1 增加内隔离门设计

设计采用与配电箱外壳同材质钢板加工内隔离门，在开关对应位置预留操作口和开关断点观察空间，但仅限于断送电操作和开关状态判断，无法进行其他操作。内隔离门为单锁，钥匙由责任区专职电工随身保管、使用，一般临电巡查可通过内隔离门上预留窗口进行查看，发现问题需要拆解电线并检查隔离开关、空气断路器、漏电断路器、电气测量仪表、转换开关等内部结构时，由电工打开内隔离门方可操作，减少了无证作业的用电隐患，从根本上控制私拉乱接、违规用电问题，有效落实了用电安全管理责任，能可靠地对设备、人身安全进行保护。总配电箱、总配电箱内部开关位置分别如图4-1、图4-2所示。

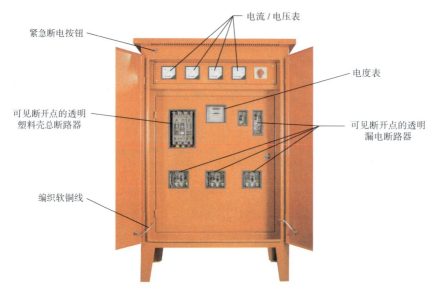

图4-1 总配电箱示意图

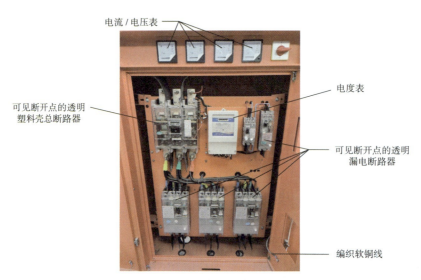

图4-2 总配电箱内部开关位置图

2.1.2 增加紧急断电按钮设计

在总配电箱和分配电箱外壳左上缘处增加紧急断电按钮，紧急状态下无须打开配电箱门，在箱体外可瞬间应急断电，进而提高临时用电的本质安全。分配电箱和紧急断电按钮分别如图4-3、图4-4所示。

图4-3　分配电箱示意图

图4-4　紧急断电按钮

2.2　安全特点

根据不同用电需求设计标准化的配电箱（统一分路数和不同电流等级的开关），适当增加普通配电箱外壳厚度，在外壳门的基础上，增加了由专业电工管理的内隔离门，设置了外露的紧急断电按钮，内隔离门预留操作柄孔和开关断点观察空间，实现用电分级管理，减少私拉乱接现象，提高临时用电本质安全和管控水平。

3 创新点和适用范围

3.1 创新点

施工现场经常会存在临时用电私拉乱接、防护门破损、无证人员接电、一闸多接等违章现象，容易引发临时用电安全事故。临时用电隐患成为施工现场安全管理的"顽疾"，是各级、各部门安全检查的重点工作，也是安全检查通报的"重灾区"，因此，改进施工现场配电箱设计、实行分级管理、提高安全防护性能成为当务之急。

（1）创新点：在普通配电箱的基础上，增加了只有专业电工才能开启的内隔离门，在配电箱外壳增加了紧急断电按钮。

（2）解决的主要问题：内隔离门只有电工能够打开，避免了工人私拉乱接现象和无证人员违规接电问题，增强了分管电工的责任感。增加紧急断电按钮，紧急状态下可实现漏电保护器工作和紧急断电按钮手动断电的"保护"与"应急"双保险。

3.2 适用范围

本项创新成果适用于公路水运工程等施工现场及标准化场站临时用电的总配电箱、分配电箱和开关箱。由于增加了内隔离门，配电箱内安全状况的直观性变差，电工需提高开箱检查频率，及早发现配电箱内缺陷，并进行处置。

4 实施流程和操作要点

4.1 实施流程

4.1.1 创新构件的制作

根据《低压成套开关设备和控制设备 第1部分：总则》（GB/T 7251.1—2013）8.4.2.3 相关内容、《低压成套开关设备和控制设备 第4部分：对建筑工地用成套设备（ACS）的特殊要求》（GB 7251.4—2017）8.5.101中"不使用钥匙或工具，仅插座、操作手柄和控制钮可接近"等的规定，对配电箱中不同管理等级的区域可以采用挡板、加门、加锁隔离，但以往配电箱标准化程度较低，不同系列的配电箱分路数和开关元件的生产厂家、额定容量、外形尺寸等各不相同，难以统一配置内隔离门。根据用电设备需求，对配电箱进行标准化设计，统一分路数和开关元件等，设计了适应不同施工环境的配电箱，增加了专业电工才有操作权限的内隔离门；为防止隔离门外开关手柄失效而不能及时切断电源，配电箱门外同步增加了紧急断电按钮。

4.1.2 创新构件的使用

（1）内隔离门配电箱具有安全防护等级高且有效防尘、防水、防触电等优点，设置简洁，可直观显示电路的导通状态，便于管理和电路检修。配电箱设置双层门，外层门现场工人可以打开进行断送电操作，但是无法接线；内隔离门只有电工能够打开，避免了工人私拉乱接现象和无证人员违规操作的问题。

（2）为满足突发断电要求，在配电箱外壳加装紧急断电按钮。除了配电箱内部的断路保护、漏电保护装置外，在紧急状况下，可以不打开配电箱外壳门，直接按下紧急断电按钮，实现快速断电。

4.2 操作要点

4.2.1 内隔离门

（1）在配电箱原设计不变的情况下，采用与配电箱外壳同材质钢板加工内隔离门，在开关对应位置预留操作口，但仅限于断送电操作和电工日常巡查，无法进行其他操作。为方便电工巡查，内部均配置可见分断点的透明断路器。带内隔离门分配电箱如图4-5所示。

图4-5 带内隔离门分配电箱

（2）内隔离门上锁，钥匙由责任区分管电工随身保存、使用，当需要拆解电线并检查隔离开关、空气断路器、漏电断路器、电气测量仪表（电度表、电压表、电流表）、转换开关等内部结构时，由电工打开内隔离门进行操作，减少了无证作业的用电隐患，从本质上减少私拉乱接、违规用电问题，能可靠地对设备、人身安全进行保护。分配电箱内部开关如图4-6所示。

图4-6 分配电箱内部开关示意图

（3）带内隔离门的配电箱电工使用操作、工人断送电操作、维修保养类同普通配电箱。带内隔离门开关箱如图4-7所示。

图4-7 带内隔离门开关箱

（4）为了避免内隔离门带电，在内隔离门上增加了编织软铜线，与保护接地导体（PE）端子板做电气连接。电工巡检时要同步查看内隔离门上编织软铜线接地连接情况，避免出现内隔离门带电现象，如图4-8所示。

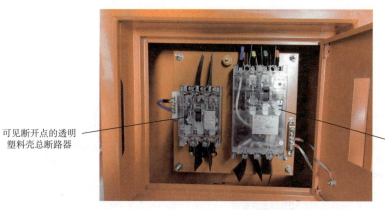

图4-8 开关箱内部开关示意图

（5）电工在用电初期应增加打开内隔离门检查接点是否发热、松动的频次。

4.2.2 紧急断电按钮

除了在配电箱内部设置断路保护装置，也在配电箱外壳设置紧急断电按钮（图4-9），在突发状况下，可以不打开配电箱外壳门，直接按下紧急断电按钮，实现快速断电，赢得抢救时间。紧急断电按钮在配电箱门楣下，略低于门楣，在配电箱意外倒伏时不易发生错误动作；恢复供电后，必须旋转紧急断电按钮使其复位，避免误送电现象，进一步提高了用电安全，受到一线工人和专家好评。图4-10为专家检查临时用电安全现场。

图4-9 分配电箱紧急断电按钮

图4-10 专家检查临时用电安全现场

5 应用实例

配电箱内增加一层内隔离门，避免非专业电工接线操作。配电箱外壳安装的紧急断电按钮，在突发应急状态下可以实现不打开外壳门直接紧急按停断电，实现漏电保护器和应急断电装置的"保护"与"应急"双保险。该项措施有效提高了施工现场临时用电本质安全，具有可复制、可推广的优势，应用前景广阔。施工现场安装的分配电箱如图4-11所示，场站安装的开关箱如图4-12所示。

图4-11 施工现场安装的分配电箱

图4-12 场站安装的开关箱

中石化胜利建设工程有限公司生产的带内隔离门的配电箱系列产品，已成功应用于京沪高速公路淮安至江都段改扩建工程JHK-GY2标、阜宁至溧阳高速公路建湖至兴化段（盐城境）JHX-YC2标、连云港至宿迁高速公路沭阳至宿豫段LS-SQ21标、江阴靖江长江隧道南接线工程JJSD-JY4标等项目，杜绝了非电工接电行为，控制了私拉乱接现象。

6 创新证明

带内隔离门的配电箱系列产品已通过中国质量认证中心"CQC"安全型式试验,并获得相应产品认证,"双层门配电箱保护设计"也获得了2022年度盐城市交通建设"微创新"成果认定,如图4-13、图4-14所示。

a)   b)   c)

图4-13 中国质量认证中心安全型式试验报告、标志认证试验报告、产品认证证书

a)   b)

图4-14 "微创新"成果认定文件

案例 5

高压架空线路预警防护网

郭 伟[1]　张燕海[1]　王 桢[2]　修建良[3]

（1. 中铁十六局集团第三工程有限公司；2. 中国铁建昆仑投资集团有限公司；3. 江阴市交通工程建设管理中心）

1 概述

架空线路防护网架是邻近电力线施工时常用的安全防护隔离措施。常规材料的架空线路防护网在阴雨、大雾、导电粉尘环境中，易传导高压电，引发事故；常规材料的架空线路材料强度低、风阻大、搭设过程烦琐，并且需要经常维护。在江阴市长山大道快速化改造工程中，采用了使用电力新材料高性能树脂复合线杆和连接横担及配套抱箍、法兰等紧固件设计制作的高压架空线路预警防护网。该预警防护网具有结构简单、强度高、导电性低、警示提示防护效果明显的特点，广泛适用于公路水运工程等施工现场的架空线路的安全防护。

2 原理和特点

2.1 工作原理

用高性能树脂经特殊工艺生产出的复合圆管状材料、复合方棒状材料和专用钢抱箍搭设的高压架空线路防护网架，在阴雨天或高湿度天气仍具有较好的绝缘性，不会形成强导体，不影响防护网架周边不利天气下的施工、通行安全；并且，复合材料强度高、风阻小，单排高支架具有较强的稳定性，搭设速度快，节约了材料用量。高压架空线路防护网架与警示标牌、红外感应装置共同构成高压架空线路预警防护网,通过实时语音播报,提醒应保持安全距离,切勿接近高压线路施工。高压架空线路预警防护网结构如图5-1所示。

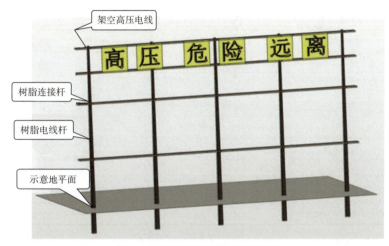

图5-1 高压架空线路预警防护网结构图

此外,高压架空线路预警防护网材料需要具备以下特性:

(1)绝缘性:表面电阻率高于$1 \times 10^{12} \Omega$,受潮后仍具有一定的绝缘性。

(2)耐腐蚀性:能够在一定程度上抵御酸碱盐等化学介质的腐蚀。

(3)比强度和比刚度高:密度约为钢材的1/4,强度接近或高于钢材(制品强度通常在200~800MPa之间,而钢材强度一般为200~350MPa)。

(4)具有柔性特征,大变形下仍能够恢复原状。

(5)复合材料的力学性能可设计性,即可以通过选择合适的原材料和合理的纤维铺层形式,使复合材料制品满足使用的力学性能要求。

2.2 技术特点

2.2.1 复合材料电杆技术参数(表5-1)

复合材料电杆技术参数表　　　　表5-1

序号	检验项目	单位	技术参数
一、复合材料部分			
1	拉伸强度	MPa	525
2	弯曲强度	MPa	679
3	弯曲弹性模量	GPa	27.0

续上表

序号	检验项目	单位	技术参数
4	压缩强度	MPa	489
5	巴氏硬度		67
6	表面电阻率	Ω	7.1×10^{15}
7	体积电阻率	Ω·cm	1.1×10^{15}
8	紫外老化（28d）		表面无气泡和裂纹
9	老化后弯曲弹性模量保留率	%	98.1
10	氧指数	%	39.5
二、树脂部分			
1	拉伸强度	MPa	67.3
2	断裂伸长率	%	3.8
3	拉伸弹性模量	GPa	2.90
4	负荷变形温度（0.45MPa）	℃	80.2
三、耐化学介质性能、耐候性能			
耐酸性能			
1	弯曲弹性模量	GPa	25.3
	弯曲弹性模量保留率	%	90.4
	外观		无气泡、无裂纹产生
耐盐性能			
2	弯曲弹性模量	GPa	27.5
	弯曲弹性模量保留率	%	98.2
	外观		无气泡、无裂纹产生
耐碱性能			
3	弯曲弹性模量	GPa	24.8
	弯曲弹性模量保留率	%	79.9
	外观		无气泡、无裂纹产生
交变湿热老化性能			
4	弯曲弹性模量	GPa	27.8
	弯曲弹性模量保留率	%	99.3
	外观		无气泡、无裂纹产生
额定湿热老化性能			
5	弯曲弹性模量	GPa	25.6
	弯曲弹性模量保留率	%	91.4
	外观		无气泡、无裂纹产生

2.2.2 复合绝缘横担技术参数（表5-2）

复合绝缘横担技术参数表　　　　表5-2

序号	检验项目		单位	技术参数
	一、材料性能部分			
1	密度		g/cm³	1.993
2	拉伸强度（纵向）		MPa	547
3	拉伸弹性模量（纵向）		GPa	38.4
4	压缩弹性模量（纵向）		GPa	32.6
5	弯曲强度	横向	MPa	173
		纵向	MPa	596
6	弯曲弹性模量	横向	GPa	15.9
		纵向	GPa	28.8
7	压缩强度		MPa	409
8	表面电阻率		Ω	7.15×10^{15}
9	体积电阻率		Ω·cm	2.12×10^{15}
10	氧指数		%	41.2
11	初始弯曲弹性模量		GPa	31.4
	二、耐化学介质性能、耐候性能			
1	紫外线老化（28d）			表面无气泡和裂纹
	老化后弯曲弹性模量保留率		%	91.4
2	交变湿热老化性能（14个循环）			
	老化后弯曲弹性模量保留率		%	96.0
3	臭氧老化性能（50×10^{-6}，40℃，72h 无牵伸）			
	老化后弯曲弹性模量保留率		%	95.6
4	盐酸溶液浸泡（5%，14d）			
	老化后弯曲弹性模量保留率		%	95.0
5	NaOH 溶液浸泡（10%，14d）			
	老化后弯曲弹性模量保留率		%	95.2

3　结构设计

以10m为间距打下5个桩基，每个桩基埋设1根2m长的复合杆（可参照电力工程线杆埋设要求，并根据土层力学特性、不同防护高度，设计不同埋深），用M20×100mm镀锌全螺纹螺栓连接575mm×300mm的预埋法兰和根部法兰，并使用2个500mm钢套管焊接，用于固定5根15m长的复合竖杆件根部。产品的规格根据防护高度及运输能力等，可以定型加工，杆件极限高度为40m，基础埋深依据抗倾覆等计算调整。42.5m长的复合横担与每根竖杆采用电力系统通用的BG-DHD90-190/215/255/310抱箍连接，抱箍安装位置根据实际情况调节上下间距。智能安全巡检警示装置安装在地面以上3m处（既有较好的视听效果，又不易摘取），警示牌以6m间距安装在竖杆顶部（主要警示此高度附近的作业必须注意高压架空线路）。根据不同高压架空线路安全距离要求，语音实时播报提示车辆行人保持相应安全距离。江阴市长山大道项目使用的复合杆件的断面结构为空心圆台柱形，底部直径300mm，顶部直径180mm。

3.1 技术标准

高压架空线路预警防护网（简称"高压防护网"）为施工期间临时性防护结构，结构设计使用年限5年，安全等级为三级。依据《建筑结构可靠性设计统一标准》（GB 50068—2018）第3.2.1条相关规定，高压防护网结构安全等级为三级。当设计更高的高压防护网时，应考虑风压脉动和风压高度变化系数；当设计在寒冷地区时，应考虑覆冰荷载和覆冰后风荷载增大系数。

3.2 荷载分类

（1）永久荷载。

结构自重：指结构自身重量产生的沿各构件断面轴线均匀分布的竖向荷载，本工程复合材料重度取19.5kN/m³。

（2）可变荷载。

①风荷载荷载：基本风压根据安装地区取0.5kN/m²，计算模型中已考虑风荷载工况。

②温度影响力：考虑结构整体升温和整体降温作用。

3.3 荷载分项系数

不同组合下荷载分项系数见表5-3。

荷载分项系数表　　　　　表5-3

序号	组合验算工况	荷载	
		永久荷载	可变荷载
1	标准组合下构件挠度验算	1.0	1.0
2	基本组合下构件强度计算	1.3	1.5

3.4 内力计算

为了尽可能达到与实际高压防护网相符的计算环境,标牌风阻已简化为杆件节点集中荷载作用于杆件,采用有限元计算软件midas Gen建立三维模型,计算模型如图5-2所示。

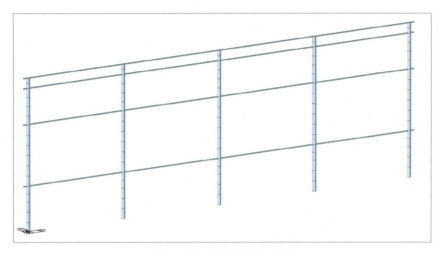

图5-2 高压防护网三维计算模型

3.5 内力计算结果

经过有限元计算,得到内力分布云图,如图5-3、图5-4所示。

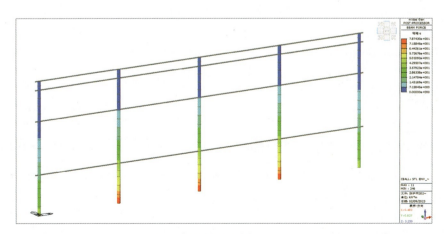

图5-3 弯矩图截图(单位:kN·m)

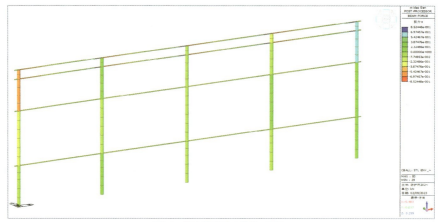

图5-4 轴力图截图（单位：kN）

3.6 挠度验算

高压防护网横向（垂直于防护网面）最大位移为33.6mm（<15000/400=37.5mm），满足《钢结构设计标准》（GB 50017—2017）中表B.2.1-1风荷载作用下单层钢结构柱顶水平位移容许值较严要求，如图5-5所示。

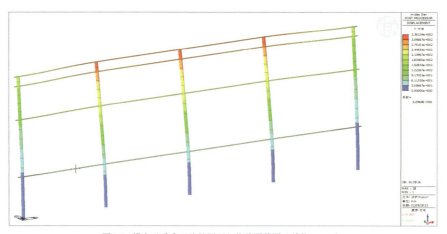

图5-5 横向（垂直于防护网面）位移图截图（单位：mm）

高压防护网竖向最大位移为22.7 mm（<10000/400=25.0mm），满足《钢结构设计标准》（GB 50017—2017）中表B.2.1-1风荷载作用下单层钢结构柱顶水平位移容许值较严要求，如图5-6所示。

3.7 承载力计算

高压防护网构件在基本组合工况下最大拉应力为60.6MPa，最大压应力为-61.3MPa，绝对值小于复合材料应力设计值173MPa，构件应力验算满足要求，如图5-7所示。

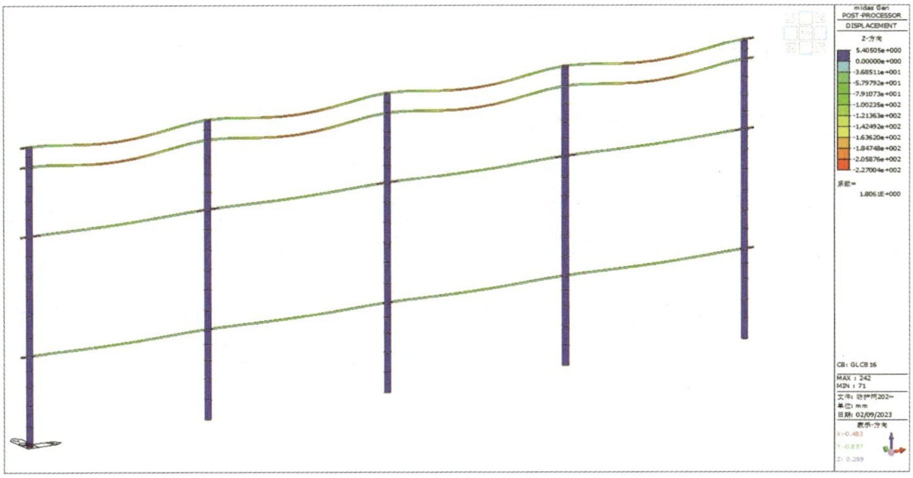

图5-6　竖向位移图截图（单位：mm）

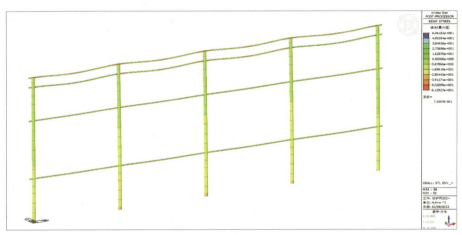

图5-7　基本组合工况下组合应力图截图（单位：MPa）

4　创新点和适用范围

4.1　创新点

在施工中，高压线路穿越或者紧邻施工场地，使用大型设备时，存在作业范围与高压线路安全范围重合的现象，对现场作业和安全防护提出了巨大考验。通过物理隔离与声光警示，有效避免因疏忽麻痹引起的触电事故；语音播报增强了施工作业人员的责任感，增加红外线紧急报警装置，紧急状态下实现"保护"与"应急"双保险。且避免发生不利天气状况下，防护网转变成导电网而引发的安全事故。

4.2 适用范围

设计的高压防护网适用于公路水运工程等施工现场及标准化场站高压架空线防护隔离。由于增加了高压架空线路预警防护网，若高压架空线路区域施工作业、吊装等超过高压线路预警范围，受到红外线干扰即会启动报警装置，及时提醒。同时，语音播报系统实时播报安全防护措施，提醒作业人员加强安全防护，增强附近作业人员安全意识。

适用于所有输送电压高压架空线的极限高度应小于50m；根据不同高压架空线防护网的防护高度及施工工况，需重新验算防护控制网的基础埋设、防倾覆及杆件风压等。

5 特点与特色

5.1 安全特点

高压防护网主要用于现场不同高压线路防护，垂直及水平方向均满足相应安全距离。高压防护网构件的结构标注如图5-8所示。

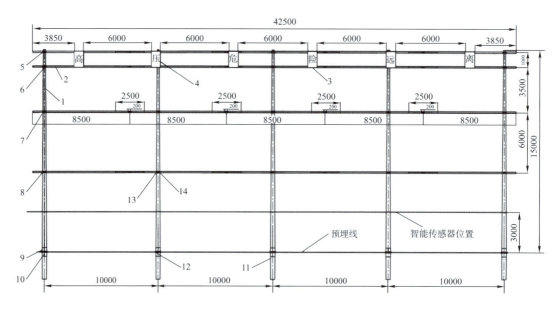

图5-8 高压防护网构件结构标注图（尺寸单位：mm）

1- 复合材料电杆；2- 复合材料横杆；3- 高压警示牌固定螺栓；4- 高压警示牌；5- 顶层横杆；6- 二层横杆；7- 设有语音反光警示标横杆；8- 平连横杆；9- 地面线；10- 基础杆；11- 电杆连接法兰；12- 预埋线焊接点；13- 横杆抱箍螺栓；14- 横杆抱箍

高压防护网构件具有以下特点：

（1）构件具有安全防护等级高且有效防尘、防水、防触电等优点，设置简洁，可直观显示附近危险源状态，并及时将数据上传至电力部门，便于管理和电路的检修。

（2）及时响应突发事件，实现快速报警，将报警数据上传相关电力主管部门，赢得高压架空线路断电抢修时间，并有助于及时发现高压架空线路电力故障原因，确保抢修安全。

5.2 工艺特色

太阳能语音报警系统（图5-9）可有效保证防护工程的可行性，及时发现并播报安全隐患。

图5-9 太阳能语言报警系统实物安装图

高压架空线路预警防护网选用的复合材料构件是通过以下改进工艺来保证其达到优异适用性能的。

（1）使用了高性能树脂，经过配方改进，复合材料电杆抗老化性能、机械性能、电气性能优异。

（2）复合材料电杆使用了独特的小角度缠绕、拉挤成型工艺，承载能力更强。

（3）复合材料电杆外层采用以脂肪族聚氨酯为基体，配以紫外吸收剂的防老化功能层，使用寿命更长。

（4）复合材料电杆表层采用喷砂工艺的防滑层，方便登杆作业。

（5）复合材料电杆埋设要求：电杆不得有倾斜、下沉等情况，杆基础不能有积水。桩基础回填时应将土块打散，每回填0.5m夯实一次。复合材料电杆埋设深度应满足设计要求，严寒地区应埋设在冻土层以下。

6　应用实例

高压架空线路预警防护网采用物理隔离、语音播报、红外线报警系统等装置，实现紧急状态下"保护"与"应急"双保险。该预警防护网有效保障了施工现场高压架空线路附近施工、吊装作业等的本质安全，具有可复制、可推广的优势。该防护网构件系列产品，已成功应用于江阴市长山大道快速化改造工程项目，工程现场应用前景广阔。

7　创新证明

该防护网构件系列产品符合《配网用复合材料杆塔》（GB/T 41491—2022）中"4　分类和标记"的规定，复合材料电杆塔有锥形杆塔和等径杆塔两种，标准杆塔杆长8.0～18.0m，可加长定制；此外，5.2.2中提及杆塔钢制法兰接头的要求，验算应力在其强度范围内时可直接引用。

该防护网构件系列产品已通过质量管理体系认证、环境管理体系认证、职业健康安全管理体系认证，有关认证证书如图5-10、图5-11所示。

图5-10　质量管理体系认证证书

a) b)

图5-11 环境管理体系认证证书和职业健康安全管理体系认证证书

CHAPTER 02

第 2 篇

公路工程案例

案例 6

桥塔部品钢筋块体装配滑移胎架

李　镇[1]　康学云[2]　秦海滨[2]　厉勇辉[2]

（1.江苏省交通工程建设局常泰长江大桥建设指挥部；2.中交第二航务工程局有限公司）

1　概述

常泰长江大桥是世界上最大跨径斜拉桥，桥梁跨径布置为（142+490+1176+490+142）m。常泰长江大桥桥塔高352m，是世界第一高桥塔，采用钢混组合桥塔结构，中、下塔柱为空间钻石形四塔肢混凝土桥塔，上塔柱为钢-核芯混凝土组合桥塔。中、下塔柱高度分别为48.5m和182.6m，上塔柱高120.9m。中、下塔柱塔肢截面为正八边形，箍筋采用互锁式配筋方式，8个闭合箍筋网片在塔肢截面8个角区域交叉重叠布置。中塔柱钢筋采用部品化施工，首次提出基于块体钢筋部品化成型工艺，钢筋网片和块体机械化成型，钢筋块体运输至塔下施工平台组装成钢筋部品，整体吊装至塔上安装连接。

本案例对钢筋块体快速化组拼施工开展研究，形成了钢筋部品块体快速装配滑移胎架。"一种桥塔钢筋块体快速装配化施工装置"已获得国家知识产权局授权的实用新型专利。该部品钢筋装配滑移胎架适用于桥梁部品钢筋块体塔下快速装配化组装施工。

2　原理和特点

2.1　工作原理

钢筋块体装配滑移胎架由8个外圈平台（编号A~编号H）、内圈平台、步履式顶推装置、滑移台车和滑移轨道组成，集成自行走、钢筋部品线形调整和内外圈工作平台功能。钢筋块体运输至塔下施工平台，外圈平台通过步履式顶推装置向外打开，提供钢筋块体吊装空间。外圈平台调节螺杆固定钢筋块体，调节螺杆长度以调整钢筋块体空间姿态。通过步履式平行顶推装置驱动外圈平台，带动钢筋块体滑移至指定位置组拼成钢筋部品，并在四层内外圈工作平台上穿插剩余主筋，焊接主筋、箍筋，连接吊具吊点。钢筋块体组拼胎架结构如图6-1所示。

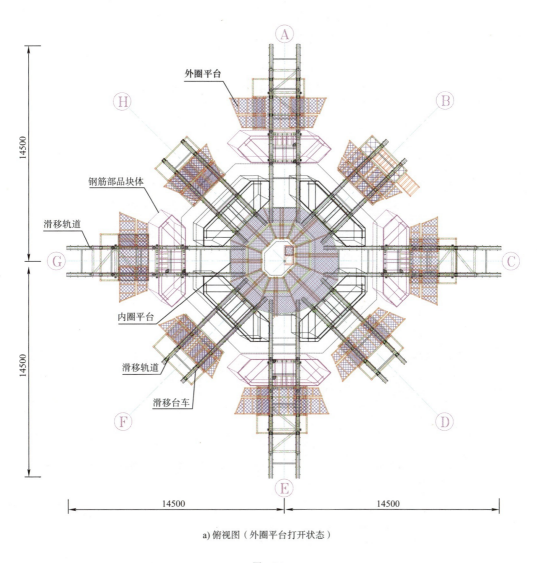

a) 俯视图（外圈平台打开状态）

图 6-1

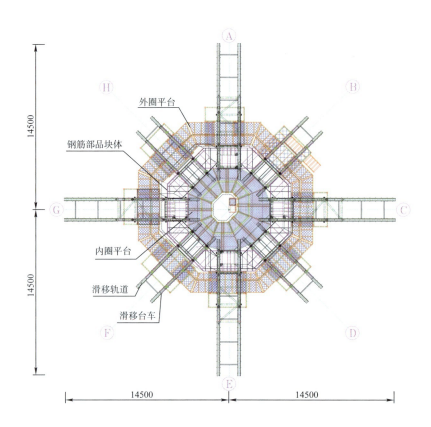

b) 俯视图（外圈平台闭合状态）

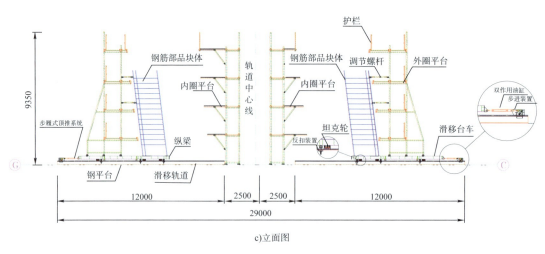

c) 立面图

图6-1 钢筋块体组拼胎架结构图（尺寸单位：mm）

A~H-滑移轨道轴线编号

2.2 安全特点

钢筋部品块体采用装配滑移胎架组拼施工，降低塔上高空对接难度，减少作业人数和作业时间。滑移胎架能适应不同钢筋部品断面尺寸，降低胎架拆除、安装过程风险。外圈平台可为钢筋块体提供临时支撑，防止柔性钢筋块体倾覆。内、外圈平台提供封闭式操作平台，降低操作人员坠落风险。应用步履式顶推装置驱动外圈平台滑移，降低劳动强度，提高了钢筋部品块体组拼过程中安全性和钢筋部品组拼精度。

3 创新点和适用范围

3.1 创新点

塔柱钢筋以往一般采用原位绑扎施工，具有钢筋骨架稳定性差、施工效率低、钢筋布料精度低、高空作业人数多、施工监管难度大、信息传递渠道单一、应急救援与逃生通道缺失的缺点。桥塔钢筋在塔下平台组拼施工，将塔上钢筋高空施工工作转移至塔下施工平台胎架上，钢筋块体装配滑移胎架集成了自行走、钢筋部品线形调整和操作平台功能，解决互锁式、切入式钢筋块体组拼成钢筋部品的技术难题，实现互锁式钢筋块安全、高效、精准组拼。

3.2 适用范围

桥塔部品钢筋块体装配滑移胎架是基于钢筋块体独立胎架成型工艺的桥塔钢筋部品成型方法，在塔下不小于30m直径的工作平台上安装滑移胎架，再在胎架上组拼钢筋块体形成钢筋部品。单体钢筋应采用数控机械成型，提高钢筋块体组拼成钢筋部品的精度。

4 结构信息及验算

4.1 结构信息

本案例滑移组拼胎架滑移轨道平面俯视图外轮廓长29m，胎架高9.35m，适用于截面尺寸8.45~10.9m范围内的钢筋部品，滑移组拼胎架钢材型号为Q235，各结构详细信息如下：

（1）滑移轨道。

共设置8组滑移轨道，设计了2种规格尺寸，滑移轨道A长度为12m，滑移轨道B长度为8m。每组滑移轨道由2根2HN250×125mm滑道梁组成，滑道梁间用[12.6连接。滑道梁顶面铺设90mm×30mm方钢轨道和8mm厚的钢盖板，以便于滑移台车滑动。滑移轨道通过8mm厚的加劲板与塔下钢平台连接。滑移轨道结构如图6-2所示。

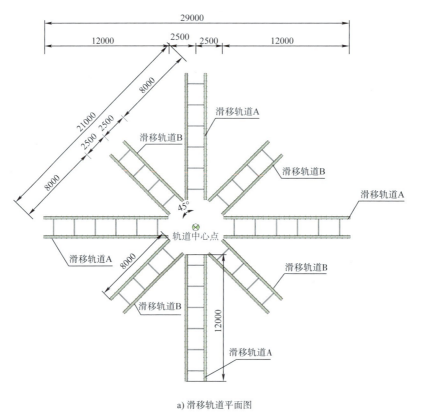

a) 滑移轨道平面图

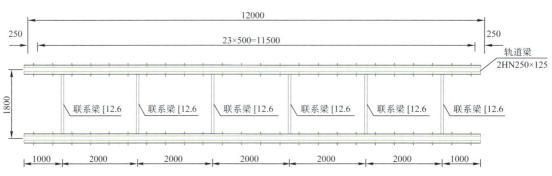

b) 轨道梁A平面图

图 6-2

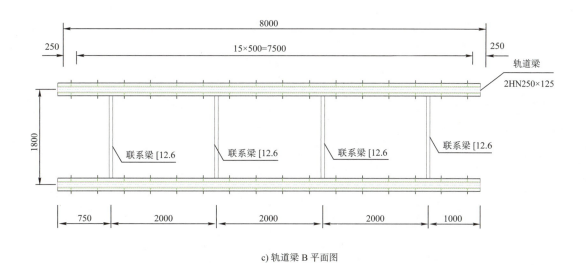

c) 轨道梁 B 平面图

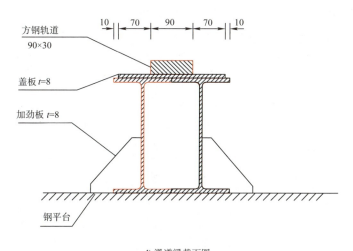

d) 滑道梁截面图

图6-2 滑移轨道结构图（尺寸单位：mm）

（2）滑移台车。

滑移台车作为外圈平台滑移底座，外轮廓尺寸为长13m、宽3.6m，滑移台车纵梁采用2[22a型钢，在纵梁前端8.4m区域型钢顶部以100mm等间距开ϕ20孔，适用于不同节段钢筋部品尺寸，在纵梁尾部3.6m范围内设置8mm厚钢面板，用于支撑钢筋块体。斜撑和联系梁采用[12.6型钢，大横梁采用2[22a型钢，小横梁和小纵梁采用[22a型钢，在纵梁和滑移轨道间设置6个坦克轮，用于滑移台车滑动。在纵梁上设置反扣装置，在滑移台车携带钢筋块体滑移至指定位置时，将纵梁与滑移轨道锁定。在纵梁尾部设置千斤顶接口，用于连接步履式顶推装置千斤顶。滑移台车结构如图6-3所示。

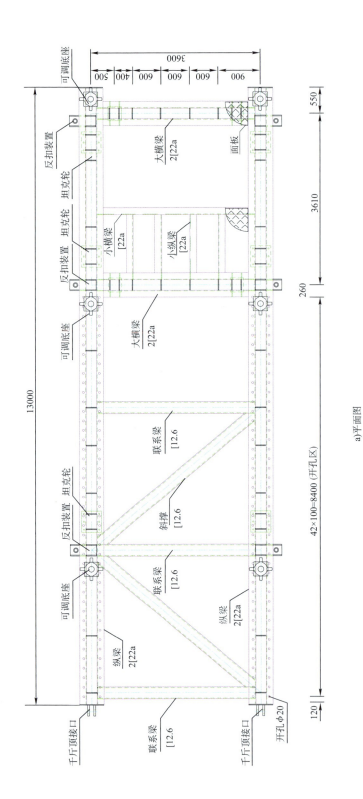

a) 平面图

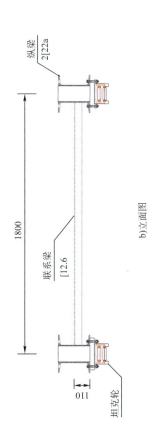

b) 立面图

图6-3 滑移台车结构图（尺寸单位：mm）

（3）外圈平台。

外圈平台高8.83m，平面尺寸为2.4m×3m，外圈平台共设置4层操作平台，平台竖向间距为2m，平台设置为可伸缩式结构，适应钢筋部品截面收分。平台立柱和斜立柱采用□100mm×100mm×6mm方钢管，水平杆采用□80mm×80mm×5mm方钢管，伸缩平台水平杆采用□50mm×50mm×5mm方钢管，伸缩平台立柱采用∟50mm×50mm×5mm角钢，伸缩平台立柱平联采用$\phi 38\times 3$mm钢管，平台走道采用4mm厚花纹钢板。外圈平台结构如图6-4所示。

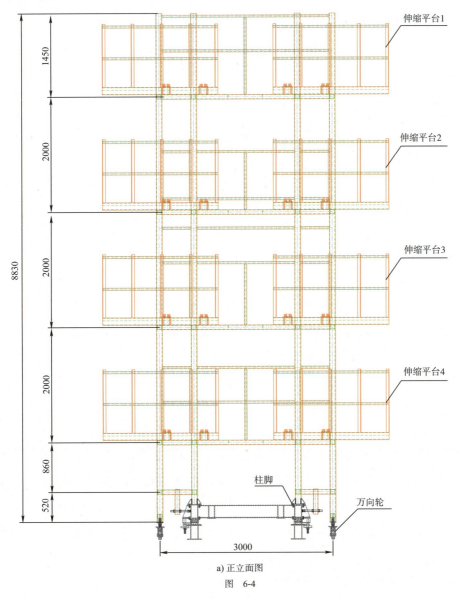

a) 正立面图

图 6-4

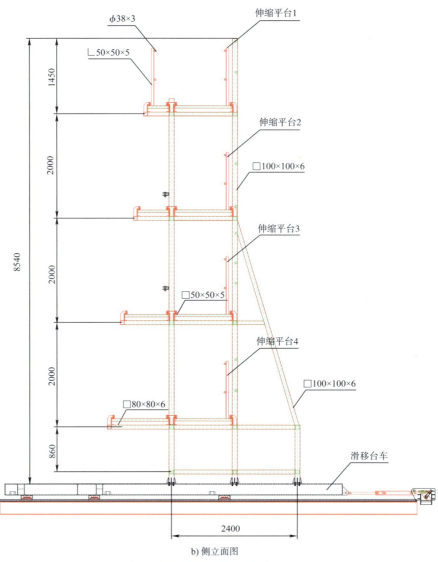

b) 侧立面图

图6-4 外圈平台结构图（尺寸单位：mm）

（4）内圈平台。

内圈平台高9.3m，平面外轮廓尺寸为9.815m，设置了4层可伸缩结构操作平台，平台竖向间距为2m。平台立柱和斜立柱采用□80mm×80mm×6mm方钢管，水平杆采用□70mm×70mm×6mm方钢管，伸缩平台水平杆采用□70mm×70mm×6mm方钢管，通过在水平杆侧立面等间距开孔，在立柱位置处通过螺栓限位，实现平台收分，伸缩平台护栏立柱采用∟50mm×50mm×5mm角钢，护栏立柱平联采用ϕ38×3mm钢管，平台走道采用钢跳板。内圈平台结构如图6-5所示。

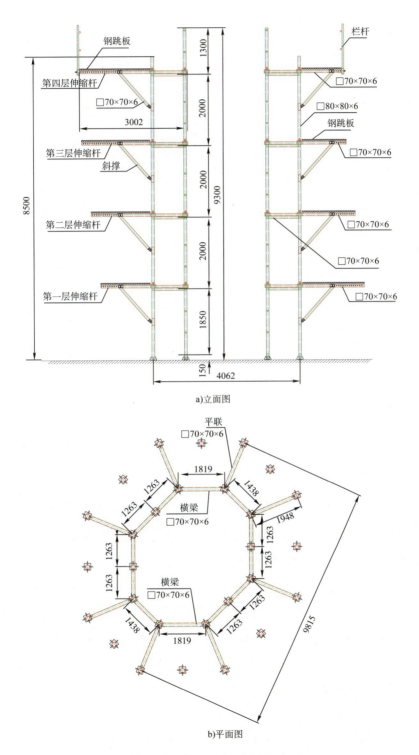

图6-5 内圈平台结构图（尺寸单位：mm）

（5）步履式顶推装置。

步履式顶推装置提供外圈平台滑移动力，由2个5t液压千斤顶和步进装置组成。油缸一端与滑移台车纵梁相连，另一端与步进装置连接，步进装置嵌锚在滑道梁上。步履式顶推系统如图6-6所示。

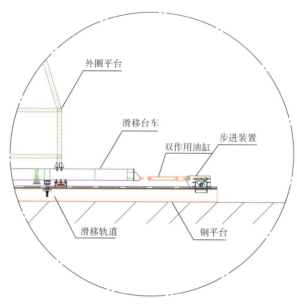

图6-6　步履式顶推系统

4.2　受力验算

外圈平台是滑移胎架主要受力构件，采用专用结构分析软件对外圈平台强度进行验算。外圈平台施工期荷载取值参照《建筑结构荷载规范》（GB 50009—2012），外圈平台施工人群荷载取2.0kN/m²（人均体重100kg，每平方米不应超过2人）。对结构强度验算应考虑风荷载作用，设计风荷载作用下胎架为最不利受力状态，根据桥址位置处气象条件，风速取设计风速（32.4m/s）。考虑设计风荷载作用时，不考虑施工人员作业，按照风荷载作用方向，拟定两种分析工况，依据《公路桥涵设计通用规范》（JTG D60—2015），自重作用下荷载组合系数为1.2，活荷载作用组合系数为1.4，两种荷载组合工况如下：

工况一：1.2×结构自重+1.2×钢筋块体自重+1.4×人群荷载+0.75×1.1×长度方向设计风荷。

工况二：1.2×结构自重+1.2×钢筋块体自重+1.4×人群荷载+0.75×1.1×宽度方向设计风荷。

根据《公路钢结构桥梁设计规范》（JTG D64—2015），Q235材料强度设计值为190MPa，计算结果表明，两种不利工况下，结构强度及稳定性均满足上述规范要求（最大应力79 MPa<f_d=190MPa）。结构强度计算图如图6-7所示。

a)工况一

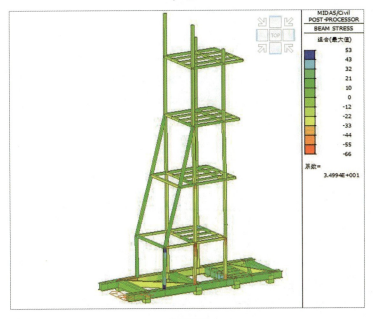

b)工况二

图6-7　结构强度计算图截图（单位：MPa）

5 实施流程和操作要点

5.1 钢筋部品总体施工工艺

钢筋部品按"片体—块体—塔下组拼"工艺流程制作,采用整体吊装至塔上连接的施工工艺。钢筋部品总体施工工艺如图6-8所示。

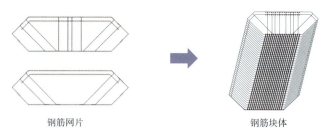

a)步骤一:钢筋网片和钢筋块体钢筋加工厂内制作

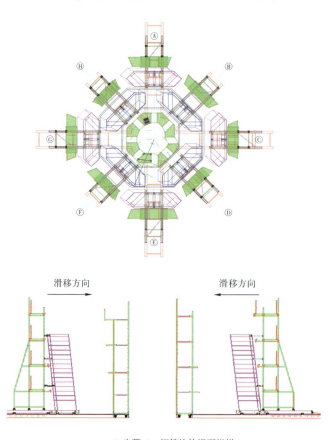

b)步骤二:钢筋块体塔下组拼

图 6-8

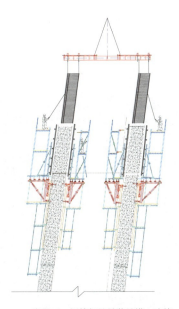

c) 步骤三：钢筋部品吊装及塔上连接

图6-8 钢筋部品总体施工工艺

注：为保障钢筋部品的线形对接，钢筋部品吊装线形必须与塔肢斜度保持一致。

5.2 钢筋网片和块体制作

钢筋网片和钢筋块体在钢筋加工厂制作完成。

钢筋网片采用PT6500型钢筋片体柔性制造生产线加工制作，生产线集"无人自适应布料、机器视觉寻点自动焊接、无人转运与码垛"功能于一体，实现了超高变截面混凝土桥塔钢筋片体自动化快速加工成型。钢筋网片加工制作如图6-9所示。

图6-9 钢筋网片加工制作

钢筋块体采用KT6000型钢筋块体柔性制造生产线加工制作，形成主筋整体穿插、片体机械化提升、倾角同步调整、机器人空间寻点焊接等关键技术，实现了大倾角变截面钢筋块体工厂机械化制作。钢筋块体制作如图6-10所示。

图6-10　钢筋块体制作

5.3　钢筋块体组装成部品

（1）滑移组拼胎架安装。

滑移组拼胎架安装前，对钢平台区域进行测量，对轨道梁位置进行放样，并对钢平台平整度进行分析，通过塞垫钢板保证8组滑移轨道顶面处于同一高程，对步履式顶推系统两个油缸同步性进行调试，确保顶推过程安全。滑移组拼胎架现场安装如图6-11所示。

图6-11　滑移组拼胎架现场安装

（2）钢筋块体运输。

钢筋块体采用平板车运输至塔下钢平台上，平台车上设置支撑胎架，临时胎架和钢筋块体间通过螺杆抱箍连接，防止钢筋块体运输过程中倾覆。钢筋块体运输如图6-12所示。

图6-12　钢筋块体运输

（3）钢筋块体组拼成部品。

滑移组拼胎架外圈平台通过步履式顶推装置向外围打开，给钢筋块体预留足够吊装空间。汽车起重机将钢筋块体吊装至滑移组拼胎架内，通过调节螺杆将钢筋块体与外圈胎架连接，通过测量调整螺杆长度，确保钢筋块体姿态满足设计要求，启动步履式顶推装置，将8个钢筋块体合成一个钢筋部品。钢筋块体组装如图6-13~图6-15所示。

图6-13　钢筋块体吊装

图6-14 步履式顶推装置顶推外圈平台

图6-15 8个钢筋块体合成钢筋部品

（4）钢筋部品吊装和塔上连接。

钢筋部品组拼完成后，钢筋部品与吊具连接，通过调整吊具吊绳长度，实现钢筋部品吊装斜度和塔肢斜度保持一致。解除外圈胎架和钢筋块体间调节螺杆，启动步履式顶推装置向内顶推到位后，向外滑移外圈平台。采用W12000-450上回转平头塔吊吊装钢筋部品至塔上，并采用锥套锁紧接头完成钢筋部品主筋连接。钢筋部品吊装和塔上钢筋部品锥套挤压连接分别如图6-16、图6-17所示。

图6-16 钢筋部品吊装

图6-17 塔上钢筋部品锥套挤压连接

6 创新证明

桥塔部品钢筋块体装配滑移胎架已应用于常泰长江大桥CT-A3标段索塔塔下钢筋块体组拼施工。本案例所涉及的装置已获得专利授权,专利号为ZL2021 2 3272272.1,实用新型专利证书如图6-18所示。

a)

b)

c)

图6-18 实用新型专利证书

案例 7

钢桁梁桥面板装配式作业平台

夏鹏飞[1]　黄　锋[2]　张旭光[2]　周　攀[2]

（1. 江苏省交通工程建设局常泰长江大桥建设指挥部；2. 中铁大桥局集团有限公司）

1　概述

常泰长江大桥钢桁梁架设过程中，正交异性桥面板板块拼装处于悬高作业状态，若不搭设稳定的作业平台，既影响焊接涂装的施工质量，又影响作业检测人员的人身安全。本项目作业人员自主设计了悬挂于主梁上的钢质装配式作业平台，将定型钢跳板作为平台板，制作难度较低，附着稳定，拼装、移动方便，有效保障了全桥板块拼装的作业安全。现将钢桁梁桥面板装配式作业平台的设计使用成果进行总结，供同行进行同类钢梁桥面板等拼装作业时参考。

2　原理和特点

2.1　工作原理

钢桁梁桥面板装配式作业平台由特制吊挂架结构、横梁、走道板及栏杆组成，吊挂架结构与钢梁桥面板主梁固定，横梁穿过各个吊挂架结构，在横梁之间铺设走道板，走道板两侧设置栏杆防护，桥面板拼装作业的施工人员可在此平台内安全作业。该作业平台与桥面布置的C形平台对接，方便人员从桥面上下通行，平台内工作高度大于1.8m，施工人员安全带可挂设于钢梁U肋过焊孔，钢桁梁桥面板装配式作业平台三维模型图及特制吊挂架结构设计如图7-1、图7-2所示，相关实景照片如图7-3所示。

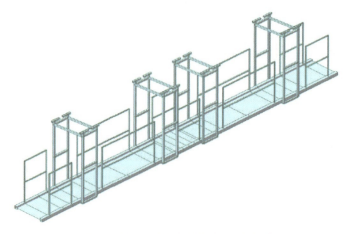

图7-1 钢桁梁桥面板装配式作业平台三维模型图

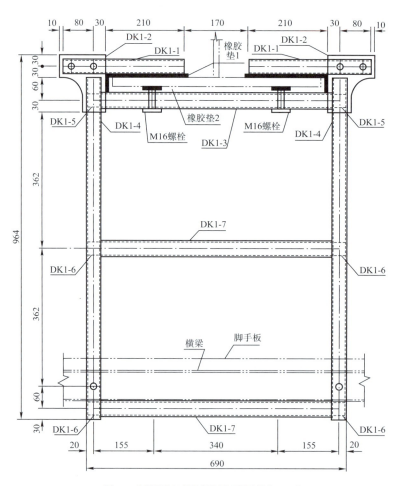

图7-2 特制吊挂架结构设计图（尺寸单位：cm）

图7-3 钢桁梁桥面板装配式作业平台实景照片

特制吊挂架作为本作业平台的关键部位,由两个可旋转扣件、一个整体式框架和两个压紧螺栓组成。安装时,将可旋转扣件上两个螺栓安装到位,将压紧螺栓拧紧,将特制吊挂架固定在钢梁上;拆除时,先松开压紧螺栓,再解除可旋转扣件的内侧螺栓,将可旋转扣件打开,完成拆除。

2.2 安全特点

钢桁梁桥面板装配式作业平台以钢桁梁桥面板主梁为着力点,设计了卡扣式的挂架,通过螺栓拧紧的方式与桥面板主梁固定,可为桥面板拼装作业提供稳定安全可靠的施工平台,同时装配式设计也减少了现场安装的工作量,实现钢桁梁桥面板工作平台快速安装。

3 创新点和适用范围

3.1 创新点

(1)创新点:以钢梁桥面板主梁为着力点,利用特制吊挂架形成铺设通道的支撑,为钢梁桥面板高空作业提供可靠的安全施工平台。

(2)解决的主要问题:解决了钢梁桥面板正下方无法搭设落地作业平台,从而导致桥面板拼装作业风险高、难度大的问题。

3.2 适用范围

适用于钢桁梁正交异性桥面板等构件的拼装作业；必须满足完成安装的主梁上有安装吊挂架结构的条件。

4 实施流程和操作要点

4.1 实施流程

4.1.1 创新构件的制作

钢桁梁桥面板装配式作业平台主要由□80mm×80mm×4mm方钢管（横梁）、□40mm×40mm×2.5mm方钢管（吊挂架结构）、□20mm×20mm×2.5mm方钢管（栏杆）及成品脚手板组成，平台关键荷载控制在1kN/m^2，设计风压125N/m^2，设计风速14m/s，荷载分项系数永久作用取1.3、可变作用取1.5，对作业平台进行检算，组合应力及切应力有限元模拟结果分别如图7-4、图7-5所示。

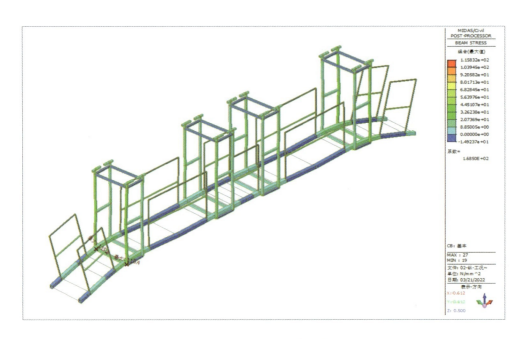

图7-4 组合应力有限元模拟结果截图（单位：MPa）

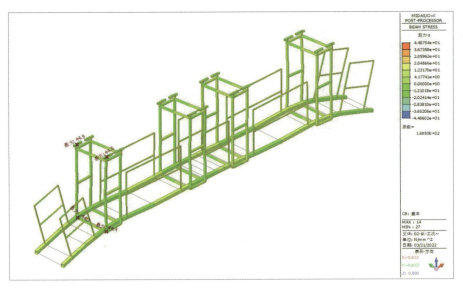

图7-5 切应力有限元模拟结果截图（单位：MPa）

计算结论：

最大组合应力115.8 MPa，小于钢材抗弯强度设计值190MPa；最大切应力44.9MPa，小于钢材抗剪强度设计值110MPa。

根据有限元模拟分析结果，单个特制吊挂架承受荷载3.5kN（含自重），荷载由两个8.8级M16螺栓承受，单个螺栓切应力为10.9MPa（小于抗剪强度设计值280MPa），满足要求。

4.1.2 创新构件的安装、使用和拆除

（1）桥面板吊装前，先在桥面板纵向主梁上安装特制吊挂架及横梁，特制吊挂架为双层结构，横梁穿过特制吊挂架，由特制吊挂架底口连接杆支撑横梁。

（2）待相邻桥面板安装到位后，利用桥面板拼缝两侧提前安装好的特制吊挂架的横梁，进行走道钢制脚手板的铺设，钢制脚手板采用4mm钢丝与横梁绑扎固定。

（3）钢桁梁桥面板装配式作业平台与钢梁主桁作业平台对接，人员可通过主桁作业平台进出装配式作业平台，平台使用过程中严格控制平台荷载。人员在平台上作业时，需挂设安全带，安全带可挂设于钢梁U肋过焊孔上。

（4）钢桁梁桥面板装配式作业平台拆除按照从中间向两边的顺序进行，分节依次拆除平台脚手板、主梁、挂架。拆除过程中，必须严格按照要求的顺序进行，必须在下放时拉设警戒线，严禁人员进入，防止高空坠物。

4.1.3 创新构件的验收标准

在钢桁梁桥面板装配式作业平台使用前，需对构件的加工质量、现场安装质量和安全防护情况进行严格验收，具体验收标准见表7-1。

钢桁梁桥面板装配式作业平台验收标准 　　　　表7-1

序号	验收项目	验收标准
1	构件加工尺寸是否与图纸一致	尺寸与图纸一致
2	构件加工型钢材质及规格是否与图纸一致	材质及规格与图纸一致
3	特制吊挂架的安装间距是否与图纸一致	安装间距与图纸一致
4	特制吊挂架的连接螺栓是否施拧到位	采用双螺母锁紧，且施拧到位
5	横梁之间的连接螺栓是否施拧到位	采用双螺母锁紧，且施拧到位
6	作业平台是否满铺钢制脚手板	满铺钢制脚手板
7	钢制脚手板与横梁之间是否固定牢靠	采用ϕ4mm钢丝绑扎牢靠
8	作业平台是否设置栏杆或防护网	设置钢制栏杆、踢脚板，挂安全网
9	作业平台上有无超限重荷载	平台严禁超限重荷载

4.2 操作要点

（1）特制吊挂架安装：特制吊挂架应在地面进行安装，安装过程中必须严格控制特制吊挂架的安装位置，应按距离梁端1.0m范围内安装，同时必须确保锁定螺栓拧紧，特制吊挂架的卡口与钢梁之间应设置橡胶垫防滑。

（2）通道铺设：通道铺设为高空作业，必须按顺序从两边逐段向中间铺设，通道脚手板应满铺，随即采用4mm铁丝和横梁绑扎固定。

（3）节点连接：节点处采用螺栓连接，连接处采用双螺母预防松动措施，辅以日常维修保养检查，保障连接可靠。

5 应用实例

钢桁梁桥面板装配式作业平台已应用于中铁大桥局集团有限公司常泰长江大桥CT-A4标，钢梁桥面板纵横向全部接缝施工，现场实景照片如图7-6～图7-8所示。

图7-6 特制吊挂架结构与钢桁梁桥面板主梁固定实景照片

图7-7 桥面板安装前特制吊挂架和横梁安装实景照片

图7-8 作业平台脚手板铺设实景照片

案例 8

弹性转动支架埋设地下连续墙侧向土压力盒

苏 昂[1]　陈 稳[1]　李世龙[2]　李 培[2]

（1. 江苏省交通工程建设局江阴靖江长江隧道建设指挥部；2. 中铁十四局集团有限公司）

1　概述

针对钻孔法和挂布法安装土压力盒成功率不高的现象，在江阴靖江长江隧道项目地下连续墙施工中，项目人员设计了弹性转动支架，与钢筋骨架安装配套。弹性转动支架埋设地下连续墙侧向土压力盒，埋设成功率明显提高，埋设工艺简洁，为地下连续墙基坑安全开挖施工提供了有效保障，适用于地下连续墙侧向土压力盒的埋设。

2　原理和特点

2.1　工作原理

弹性转动支架埋设地下连续墙侧向土压力盒技术原理为：将土压力盒固定于专用弹性转动支架的下端，支架上端固定于钢筋笼外侧，钢筋笼下达设计位置固定安装后，收紧控制绳，实现土压力盒支架的转动，土压力盒被弹簧驱动的滚筒压紧，紧贴外壁，浇筑混凝土后，土压力盒能够准确采集、传递外壁土压力信号。相比于钻孔法或气压力法埋设土压力盒，弹性转动支架埋设土压力盒更简便、准确、快捷。在江阴靖江长江隧道项目中，弹性转动支架埋设土压力盒成功率为100%，与同项目采用传统挂布法埋设土压力盒相比，埋设成功率提高14.28%。土压力盒埋设原理如图8-1所示。

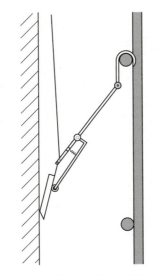 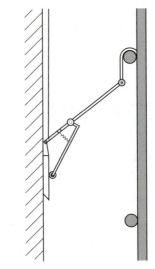

a) 土压力盒及弹性转动支架固定于钢筋笼，下达设计深度，收提张紧绳，支架转动　　b) 张紧绳索，弹簧压紧土压力盒，紧贴孔外壁

图8-1　土压力盒埋设原理图

2.2　安全特点

采用本方法埋设土压力盒，安装过程简单、快捷，减少了施工人员在高大、悬浮状钢筋笼附近暴露的时间，提高了安全性。

3　创新点和适用范围

3.1　创新点

（1）创新点：通过拉伸绳索旋转支架，驱动弹簧、推杆和滚筒将土压力盒顶紧，可使土压力盒在埋设过程中与地下连续墙外侧土体充分接触，从而确保土压力盒埋设成功率与测量准确率。

（2）解决的主要问题：免去了钻孔法的钻孔过程、气压力法的加压过程；可保证土压力盒与土体充分接触，避免混凝土侵入挂布与外侧土体之间导致土压力盒报废的缺陷；可避免钻孔法因土拱效应导致的无法精准测量的问题；不容易在钢筋笼下放的过程中出现剐擦。同时，使用弹性转动支架埋设土压力盒，减少了施工人员在高大、悬浮状钢筋笼附近暴露的时间，提高了安全性。

3.2 适用范围

适用于深基坑工程中地下连续墙侧向土压力盒的埋设。

4 实施流程和操作要点

4.1 实施流程

4.1.1 创新构件的制作

（1）土压力盒支架按图8-2所示构造制作。该设备包括绳索、挂钩、杆架、推杆、滚筒、土压力盒挂袋、弹簧。绳索的材料为尼龙绳，挂钩、杆架、推杆的材料为不锈钢，滚筒的材料为塑料，土压力盒挂袋采用布袋，弹簧采用铜制弹簧，绳索与杆架通过绑扎的方式相连；杆架与挂钩通过铰接相连；杆架与推杆通过铰接与弹簧相连；土压力盒挂袋与杆架通过绑扎的方式相连。

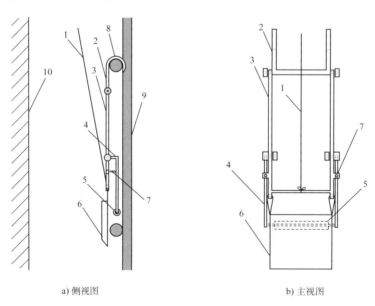

a) 侧视图　　　　　　　　　b) 主视图

图8-2　土压力盒支架结构

1-绳索；2-挂钩；3-杆架；4-推杆；5-滚筒；6-土压力盒挂袋；7-弹簧；8-横向钢筋；9-竖向钢筋；10-外侧土体

（2）以1200mm宽地下连续墙槽段、外径108mm土压力盒、埋设深度30m的应用情况为例。绳索长度可在埋设深度的基础上增加2m，即在本案例中取32m；挂钩的竖杆间距可取10~11cm，竖杆长度可取5~6cm，钩子的内径取3cm左右，横杆长度为间距值；杆架的竖杆间距可取11~12cm，竖杆长度需根据钢筋笼横筋至外侧土体表面水平间距取值，该间距一般为5~10cm，因此，竖杆长度应不小于该尺寸，可取12cm；推杆在杆架竖向靠近中部位置与其铰接，且与杆架竖杆的水平间距为1~1.5cm；推杆底端应触碰到土压力盒靠近上部位置，因此推杆竖向长度可取约8cm；推杆的横向间距可取12~13cm，横杆尺寸即为该间距；滚筒的横向尺寸可略小于土压力盒挂袋，可为9~10cm；土压力盒挂袋为正方形，边长为11cm；弹簧初始尺寸可略小于杆架和推杆的水平间距，约为1cm，其与杆架的连接位置可在杆架的竖向杆靠下的1/4长度处。

（3）根据以上材料及尺寸描述，土压力盒支架成本较低：单个不锈钢支架的杆件总长度小于1m，成本一般为2~3元；弹簧成本约1元/架；布袋成本约1元/架；塑料滚筒与绳索成本约5元/架。因此，每个支架材料成本约10元，加工费视情况而定，约为10元/架。因此，每个支架成本约20元。

4.1.2 创新构件的安装、使用和拆除

（1）安装支架。将挂钩通过焊接或使用绑扎带固定在横向钢筋上，杆件自然下垂后，将土压力盒直接置于土压力盒挂袋中，经过试验确定可靠性。

（2）下放钢筋笼的同时理顺拉绳和信号线。在钢筋笼下放过程中，将拉绳和土压力盒导线随着钢筋笼下放过程理顺并向上引至钢筋笼顶部。在上引的过程中，每隔2m左右使用绑扎带将信号线固定在钢筋笼的竖筋上。对于拉绳，不用绑扎带固定，否则可能难以拉提，但需用线圈理顺，防止缠绕。

（3）上提拉绳土压力盒入位。钢筋笼下放后，将绳索上提，使杆架顺时针旋转。拉紧绳索后，将张拉状态的绳索系在钢筋笼顶部的横筋上，等待混凝土浇筑。

（4）浇筑混凝土。弹性转动支架为一次性构件，浇筑过程中，要及时复核，保证不出现卡阻现象。

（5）混凝土凝固后，采用频率仪连接信号线并读取数据。若测试频率正常，则表示土压力盒埋设成功。

4.1.3 创新构件的验收标准

（1）弹性转动支架埋设地下连续墙侧向土压力盒各部分结构试运转，以保证灵活可靠。

（2）地下连续墙定位后，上提弹性转动支架的拉绳，以保证有一定的张紧度。

4.2 操作要点

通过挂钩固定在钢筋笼横筋上,再将土压力盒挂在挂袋中;下放钢筋笼时,拉绳不能受到张力,将土压力盒接线引至钢筋笼顶部;待钢筋笼下放完毕,张紧拉绳;最后将绳索固定在地面。当土压力盒埋设深度较深、数量较多时,配套绳索较长、较多,埋设过程中可能会出现缠绕现象,因此可事先准备线圈以理顺绳索,多人同时配合操作,并由专人检查操作过程,确保装置安装可靠。

5 应用实例

弹性转动支架埋设地下连续墙侧向土压力盒已应用于江阴靖江长江隧道工程JJSD-A1标地下连续墙施工中。采用传统的挂布法与弹性转动支架法各埋设两个孔位的土压力盒。埋设完毕后,经检测发现,采用传统挂布法埋设的两个孔位各有一个土压力盒失效,而采用弹性转动支架法埋设的孔位,所有土压力盒均可正常使用,埋设成功率提高14.28%。应用弹性转动支架现场埋设土压力盒示意图如图8-3所示。

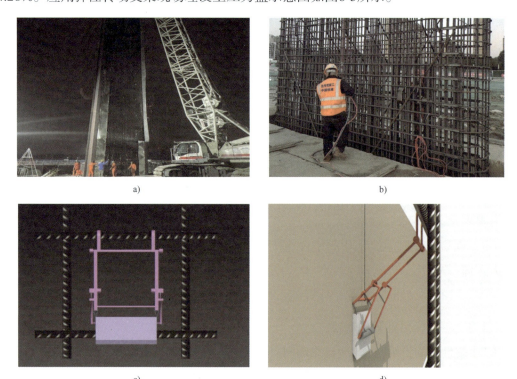

图8-3 应用弹性转动支架现场埋设土压力盒示意图

6 创新证明

本案例所涉及的装置已申请专利,并得到专利受理,专利申请号为ZL202310075197.4,专利受理通知书如图8-4所示。

图8-4 专利受理通知书

案例 9

倒挂式梯笼

张心源[1]　陈　龙[1]　梁玉强[2]　卜全龙[2]

（1.江苏省交通工程建设局江阴靖江长江隧道建设指挥部；2.中交隧道工程局有限公司）

1　概述

江阴靖江长江隧道项目明挖隧道采用明挖逆作法施工，基坑最大开挖深度33.1m，主线宽度为31.6~60.4m，采用地下连续墙、钻孔咬合桩、型钢水泥土搅拌（桩）墙（SMW工法桩）等形式作为围护结构，第一道钢筋混凝土支撑设计尺寸为1000mm×1000mm，混凝土强度等级为C30。江阴靖江长江隧道项目深基坑中采用自上而下安装梯笼的方式，保障了基坑作业人员上下通道的不间断性，并总结形成了拼装倒挂式梯笼这一安全通道模式。"预制拼装倒挂式梯笼"已获得国家知识产权局授权的实用新型专利。倒挂式梯笼适用于经验算满足受力要求的钢筋混凝土支撑结构的基坑。

2　原理和特点

2.1　工作原理

（1）自上而下安装拼装倒挂式梯笼方法通过设计验算，在基坑钢筋混凝土支撑梁上面设置梯笼等悬吊挂件，下部达到增设梯笼空间时，撤去连接短梯，提接一节梯笼，再安装短梯，能确保深基坑作业安全通道的连续稳固和安全畅通；拼装倒挂式梯笼可一次成型，避免传统钢管扣件或箱式落地梯笼需要工作人员深入基坑及开挖过程中多次安拆和吊装等。

（2）拼装倒挂式梯笼在标准落地式梯笼（包括笼架、行走通道、架体、框架、踏板、防护板、连接件、加强筋、爬梯、护栏及撑脚等）设计的基础上，增加了吊挂部件、支撑板、吊耳等倒挂构件，如图9-1所示。

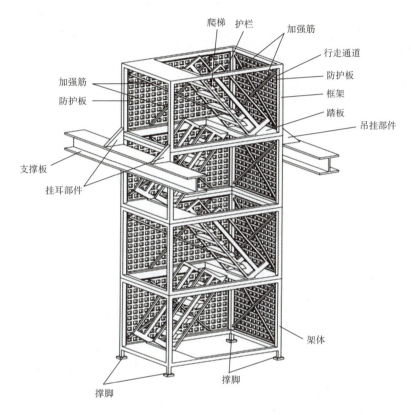

图 9-1 拼装倒挂式梯笼模型示意图

2.2 安全特点

相较于传统钢管扣件或箱形通道，自上而下安装梯笼的方式可实现作业人员上下的不间断性，避免大量工作人员采取辅助措施进入基坑底部进行作业和通道加固，且避免了在土方分层开挖过程中因为多次转用拆卸和整体吊装而降低使用效率。拼装倒挂式梯笼可通过在基坑混凝土支撑上设置吊挂件，同时预埋固定点固定钢横梁使上端梯笼保持稳定，下部达到增设梯笼空间时，撤去连接短梯，提接一节梯笼，再安装短梯；拼装倒挂式梯笼可一次成型，能确保深基坑作业安全通道的连续稳固和安全畅通。拼装倒挂式梯笼施工具有劳动强度低、起重风险低、减少提升转用次数、基地作业面影响小、工作环境安全稳定的特点，极大地提高了深基坑下梯笼安装使用时的本质安全。

3 创新点和适用范围

3.1 创新点

通过设计验算,钢筋混凝土支撑梁满足受力要求,在钢筋混凝土支撑梁上预埋固定点,一方面梯笼底座上的连接件与设置在基坑下的格构柱或围护结构上面的预埋件固定连接,需满足人员上下动载引起的摆动和风力荷载,进而自下而上安装梯笼,操作简便;另一方面可利用梯笼上各连接件预留孔作为高处作业安全带挂点,使安装人员操作方便,保障了安装人员自身安全的同时,减少了人工费、机械台班费,降低材料转用的工程成本。

3.2 适用范围

适用于经验算满足受力要求的钢筋混凝土支撑结构的基坑。

4 实施流程和操作要点

4.1 实施流程

4.1.1 创新构件的制作

拼装倒挂式梯笼由吊挂部件、支撑板、吊耳、笼架、行走通道、架体、框架、踏板、防护板、连接件、加强筋、爬梯、护栏、撑脚等部分组成,梯笼每节质量约0.35t,考虑6人在每节梯笼上,每人按75kg计算,每节梯笼恒载为3.5kN,活载为75×6×10/1000=4.5(kN)。

4.1.2 构件受力部位承载力计算

工作井每层梯笼最多4节,按4节考虑,梯笼通过工字钢搭在钢筋混凝土支撑上,每个节点荷载:恒载3.5×4/4=3.5(kN),活载4.5×4/4=4.5(kN)。暗埋段梯笼最多12节,按12节考虑,梯笼通过工字钢搭在钢筋混凝土支撑梁上,每个节点荷载:恒载3.5×12/4=10.5(kN),活载4.5×12/4=13.5(kN)。工作井第一道、第二道和后续段钢筋混凝土支撑及圈梁平面设计分别如图9-2、图9-3所示。

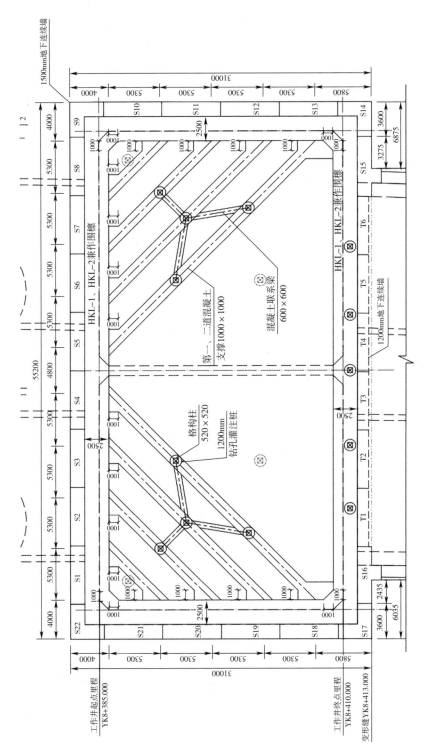

图 9-2 工作井第一道、第二道钢筋混凝土支撑及圈梁平面设计图（尺寸单位：mm）

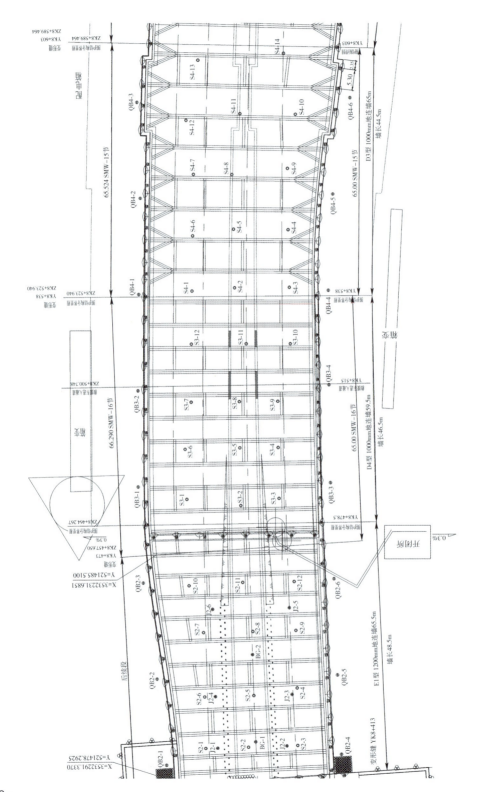

图 9-3 后续段钢筋混凝土支撑及圈梁平面设计图

根据《建筑结构可靠性设计统一标准》（GB 50068—2018），取基本组合进行承载能力极限状态验算，恒载分项系数取1.3，活载分项系数取1.5，使用有限元计算软件midas GTSNX进行数值模拟，采用梁单元模拟MHL，两端固结，施加均布荷载与结构自重，工作井及后续段具体支撑计算模型如图9-4所示。

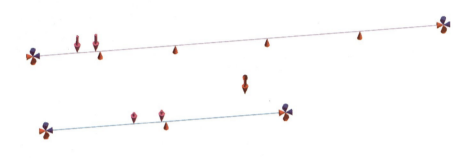

图9-4　工作井及后续段支撑计算模型

工作井梁、后续段梁计算结果分别如图9-5、图9-6所示。

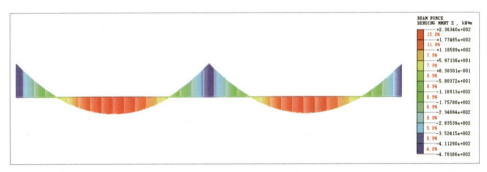

a) 基本组合-工作井梁弯矩（单位：kN·m）

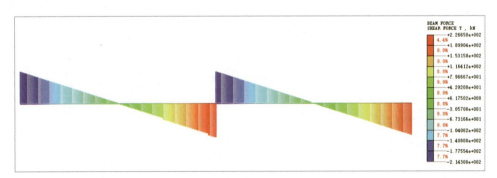

b) 基本组合-工作井梁剪力（单位：kN）

图　9-5

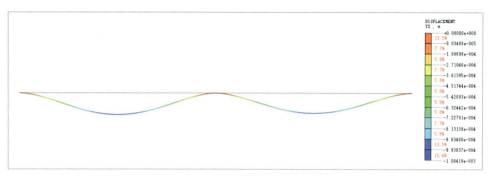

c) 基本组合-工作井梁位移（单位：m）

图9-5 工作井梁计算结果截图

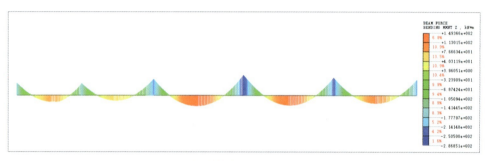

a) 基本组合-后续段梁弯矩（单位：kN·m）

b) 基本组合-后续段梁剪力（单位：kN）

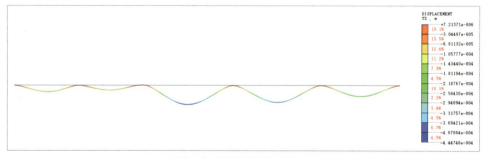

c) 基本组合-后续段梁位移（单位：m）

图9-6 后续段梁计算结果截图

4.1.2.1 工作井支座配筋计算

工作井支座最大弯矩470kN·m，剪力227kN。

下面对梁截面设计进行计算检验：

（1）已知条件：矩形梁b=1000mm，h=1000mm。混凝土C30，f_c=14.30N/mm²，f_t=1.43N/mm²，纵筋HRB400，f_y=360N/mm²，f_y'=360N/mm²，箍筋HPB300，f_{yv}=270N/mm²。弯矩计算值M=470.00kN·m，剪力设计值V=227.00kN，扭矩计算值T=0。

（2）计算要求。

计算内容包括：①正截面受弯承载力计算；②斜截面受剪承载力计算。

截面验算：V=227.00kN<$0.25\times\beta_c f_c b h_0$=3414.13kN，截面满足截面配筋，按纯剪计算。

①正截面受弯承载力计算：

A.按单筋计算：$a_{s下}$=45mm，相对受压区高度$\xi=x/h_0$=0.037<ξ_b=0.518。

B.上部纵筋：按构造配筋A_s=2000mm²，配筋率ρ=0.20%。

C.下部纵筋：$A_s=\xi\alpha_1 f_c b h_0/f_y$=1393mm²，$\rho$=0.14%<$\rho_{min}$=0.20%，按构造配筋$A_s$=2000mm²。

②斜截面受剪承载力计算：

A.受剪箍筋计算：A_{sv}/s=−2827.05mm²/m，ρ_{sv}=−0.28%<ρ_{svmin}=0.13%，按构造配筋A_{sv}/s=1271mm²/m。

B.配置钢筋：

a.上部纵筋：构造A_s=2000mm²，实配11Φ28（6773mm²，ρ=0.68%），配筋满足。

b.腰筋：计算构造$A_s=b\times h_w\times 0.2\%$=1910mm²，实配16Φ22（6082mm²，ρ=0.61%），配筋满足。

c.下部纵筋：构造A_s=2000mm²，实配11Φ28（6773mm²，ρ=0.68%），配筋满足。

d.箍筋：构造A_{sv}/s=1271mm²/m，实配Φ12@200（6）（3393mm²/m，ρ_{sv}=0.34%），配筋满足。

因此，施工图支撑配筋满足要求。

4.1.2.2 暗埋段支座配筋计算

暗埋段支座最大弯矩287kN·m，剪力168kN。

下面对梁截面设计进行计算检验：

（1）已知条件：矩形梁b=1000mm，h=1000mm。混凝土C30，f_c=14.30N/mm²，f_t=1.43N/mm²，纵筋HRB400，f_y=360N/mm²，f_y'=360N/mm²，箍筋HPB300，

f_{yv} =270N/mm²。弯矩计算值 M=287.00kN·m，剪力计算值 V=168.00kN，扭矩计算值 T=0。

（2）计算内容包括：①正截面受弯承载力计算；②斜截面受剪承载力计算。

截面验算：V=168.00kN<0.25×$\beta_c f_c b h_0$=3414.13kN，截面满足要求。

截面配筋按纯剪计算。

①正截面受弯承载力计算：

A.按单筋计算：$a_{s下}$=45mm，相对受压区高度 ξ=x/h_0=0.022<ξ_b=0.518。

B.上部纵筋：按构造配筋 A_s=2000mm²，配筋率 ρ=0.20%。

C.下部纵筋：A_s=$\xi\alpha_1 f_c b h_0/f_y$=844mm²，$\rho$=0.08%<$\rho_{min}$=0.20%，按构造配筋 A_s=2000mm²。

②斜截面受剪承载力计算：

A.受剪箍筋计算：A_{sv}/s=−3055.87mm²/m，ρ_{sv}=−0.31%<ρ_{svmin}=0.13%，按构造配筋 A_{sv}/s=1271mm²/m。

B.配置钢筋：

a.上部纵筋：构造 A_s=2000mm²，实配10Φ22（3801mm²，ρ=0.38%），配筋满足。

b.腰筋：计算构造 A_s=$b×h_w×0.2\%$=1910mm²，实配12Φ22（4562mm²，ρ=0.46%），配筋满足。

c.下部纵筋：构造 A_s=2000mm²，实配10Φ22（3801mm²，ρ=0.38%），配筋满足。

d.箍筋：构造 A_v/s=1271mm²/m，实配Φ10@150（4）（2094mm²/m，ρ_{sv}=0.21%），配筋满足。

支座承载能力极限状态计算结果见表9-1。

支座承载能力极限状态计算结果　　　　　　　　　　　表9-1

位置	弯矩（kN·m）	剪力（kN）	计算配筋（mm²/m）	实际配筋（mm²/m）
工作井	470	227	2000	6773
后续段	287	168	2000	3801

故加装梯笼之后，围护结构现有配筋满足安全需求。

4.1.2.3　焊缝验算

梯笼四周焊接200mm×200mm×20mm三角钢板，双面满焊，具体结构如图9-7所示。

根据《钢结构设计标准》（GB 50017—2017）11.2.2条，对顶部焊缝承载力进行核算，焊缝承担梯笼的重量。暗埋段为最不利工况，暗埋段角焊缝承受剪切荷载为：10.5×1.3+13.5×1.5=33.9（kN）。

图9-7 焊接加固示意图

$$\tau_\mathrm{f} = \frac{N}{h_\mathrm{e} l_\mathrm{w}} = \frac{33.9 \times 10^3}{0.7 \times 10 \times (200 - 10 \times 2)} = 26.9\ (\mathrm{N/mm^2}) < f_\mathrm{t}^\mathrm{w} = 160\mathrm{N/mm^2}$$

直角角焊缝计算厚度 h_e，取 $0.7h_\mathrm{f}$，焊缝高度取10mm；角焊缝计算长度 l_w，取角焊缝实际长 $-2h_\mathrm{e}$。

故当前焊缝能满足安全需求。

4.1.2.4 型钢验算

型钢采用HW400×400×13×21型钢，长6m，梯笼通过顶部的三角钢板放在型钢上，三角钢板间距3m。

（1）基本信息。

计算模型设定支座结构：左支座简支，右支座简支。型钢验算基本信息见表9-2。

型钢验算基本信息　　　　　　　　　　　　　　　　表9-2

跨号	跨长（m）	截面名称
1	6.000	双轴对称焊接工字钢

双轴对称焊接工字钢的规格为：t=13mm，h=400mm，d=21mm，b=400mm。各跨截面几何特性为全截面，几何属性见表9-3、表9-4。

截面几何属性一　　　　　　　　　　　　　　　　表9-3

跨号	面积（cm²）	惯性矩 I_x（cm⁴）	W_{x1}（cm³）	W_{x2}（cm³）	回转半径 i_x（cm）	惯性矩 I_y（cm⁴）
1	182.54	48109.47	2405.47	2405.47	16.23	13895.53

注：W_{x2}-截面下部对 x 轴的全截面模量。

截面几何属性二　　　　　　　　　　　　　　　　表9-4

跨号	W_{y1}（cm³）	W_{y2}（cm³）	回转半径 i_y（cm）	面积矩 S_x（cm³）	γ_{x1}	γ_{x2}
1	694.78	694.78	8.72	1373.37	1.05	1.05

注：W_{y1}-截面左侧对 y 轴的全截面模量；W_{y2}-截面右侧对 y 轴的全截面模量；γ_{x1}-截面上部对主轴 x 的截面塑性发展系数；γ_{x2}-截面下部对主轴 x 的截面塑性发展系数。

（2）计算结果。

①内力计算：跨号为1，内力计算结果见表9-5。

内力计算结果　　　　表9-5

项目	左	中	右
上部弯矩（kN·m）	0	0	0
下部弯矩（kN·m）	0	49.1077	0
剪力（kN）	32.7385	-3.3750	-32.7385

②强度。

正应力根据《钢结构设计标准》（GB 50017—2017）第6.1.1条计算：

$$\sigma = \frac{M_x}{\gamma_x W_{nx}}$$

剪应力根据《钢结构设计标准》（GB 50017—2017）第6.1.3条计算：

$$\tau = \frac{VS}{It_w}$$

截面板件宽厚比等级为S5时，采用有效截面模量计算应力。1号跨最大应力计算结果见表9-6。

1号跨最大应力计算结果　　　　表9-6

跨号	正应力（上侧）（MPa）	正应力（下侧）（MPa）	剪应力（MPa）
1	0	19.443	4.450

（3）验算。

根据《钢结构设计标准》（GB 50017—2017）4.4节，1号跨材料特性见表9-7。

1号跨材料特性　　　　表9-7

跨号	抗拉强度（MPa）	抗压强度（MPa）	抗弯强度（MPa）	抗剪强度（MPa）
1	295.000	295.000	295.000	170.000

①最不利验算。

1号跨最不利验算见表9-8。

1号跨最不利验算　　　　表9-8

跨号	抗弯强度 σ/f	抗剪强度 τ/f_v	验算结果
1	0.066	0.026	满足

②计算简图。

HW400型钢计算简图如图9-8所示。

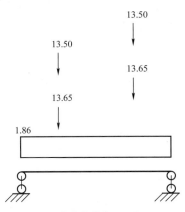

① 荷载(单位：kN)

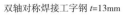

双轴对称焊接工字钢 $t=13mm$

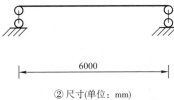

② 尺寸(单位：mm)

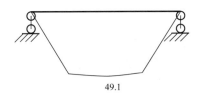

③ 弯矩(单位：kN·m)

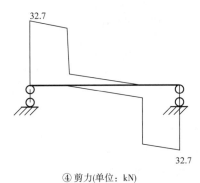

④ 剪力(单位：kN)

a) HW400型钢连续梁计算简图

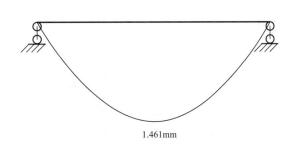

b) HW400型钢连续梁挠度计算简图

图9-8　HW400型钢计算简图

4.1.2.5 螺栓验算

梯笼节数按螺栓强度控制，170（螺栓强度）×16（单层螺栓个数）×244.79（M20截面面积）/1000/（24×1.1×1.5）=14.7，故可挂14节。

4.1.3 创新构件的安装、使用和拆除

拼装倒挂式梯笼的安装、使用流程为：钢筋混凝土支撑达到设计强度→钢筋混凝土支撑梁上对挂点进行加强和预埋→制作吊挂部件→拼装吊挂节梯笼→安装吊挂部件→安装入口节→安装若干标准节→吊装梯笼、固定吊挂部件→安装入口通道→安装人行出口→梯笼中部地下连续墙→安装梯笼底部构造→安装警示牌→验收→投入使用。

拆除流程：根据主体结构分层施工自下而上拆除→吊装梯笼上部吊点→吊挂部件切割→作业层结构斜梯节安装→分段吊运至地面。

主体结构施工完毕后，可按由上至下顺序逐步拆除梯笼，拆除流程图如图9-9所示。

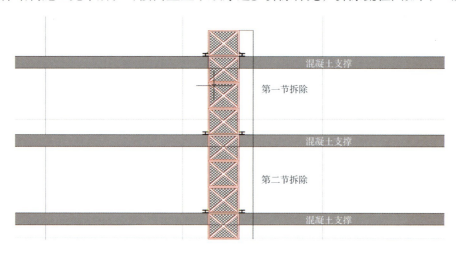

图9-9 按由上至下顺序逐步拆除梯笼流程图

（1）工作井梯笼安装。

型钢与钢筋混凝土支撑梁搭接距离为500mm，型钢端部使用2根ϕ20圆钢，加工成Ω形，固定在混凝土支撑上。在顶部梯笼四周焊接200mm×200mm×20mm两块三角钢板，双面满焊，使梯笼搭接在H型钢上。与顶部梯笼相同，第四节梯笼、第七节梯笼和第十节梯笼四周焊接200mm×200mm×20mm三角钢板，双面满焊，使梯笼搭接在H型钢上。最后一节梯笼放置在基坑底部，工作井第一道~第四道钢筋混凝土支撑梁架设型钢如图9-10所示，工作井第一道~第四道钢筋混凝土支撑梁架设型钢如图9-11所示。

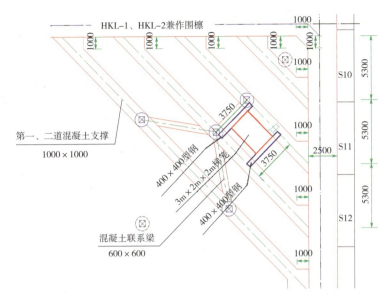

图9-10 工作井第一道~第四道钢筋混凝土支撑梁架设型钢示意图（尺寸单位：mm）

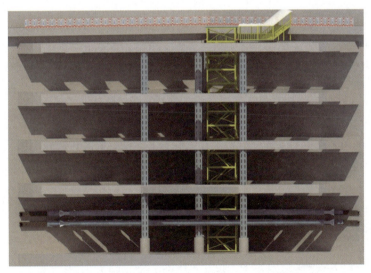

图9-11 工作井第一道~第四道钢筋混凝土支撑梁架设型钢示意图

（2）暗埋段梯笼安装。

暗埋段梯笼在第一道钢筋混凝土支撑梁上架设2根6m HW400型钢（HW400×400×13×21），型钢与钢筋混凝土支撑梁搭接距离为500mm，型钢端部使用两根ϕ20圆钢固定在钢筋混凝土支撑梁上。在顶部梯笼四周焊接200mm×200mm×20mm三角钢板，双面满焊，使梯笼搭接在H型钢上。下部梯笼每隔一节使用ϕ20钢筋固定在格构柱上，最后一节梯笼放置在基坑底部。暗埋段第一道钢筋混凝土支撑梁架设型钢如图9-12所示。

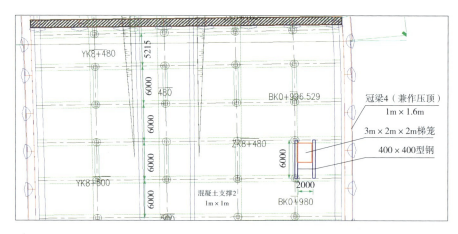

图9-12 暗埋段第一道钢筋混凝土支撑梁架设型钢示意图（尺寸单位：mm）

4.1.4 创新构件的验收标准

（1）倒挂式梯笼安装前，应对梯笼各部件进行检查，现场查验厂家提供的梯笼构件材料证明材料、发运清单，现场各构件钢材、焊接材料、焊缝、连接螺栓等均需满足设计规范技术要求。

（2）在基坑开挖达到梯笼标准节高度时，应停止开挖，待梯笼标准节安装完毕、满足通行要求后，经监理等管理部门验收合格并形成文件记录后进行土方开挖作业。

（3）倒挂式梯笼安装过程中，为保证梯笼接长后的稳定性，应采用满足设计要求的材料将梯笼标准节与基坑内立柱连接固定，确保消除人员上下动载引起的摆动和风力荷载等。若固定方式采用焊接，焊接质量满足相关焊接规范要求。

（4）倒挂式梯笼标准节拼装时，螺栓拧紧力矩应满足螺栓拧紧力矩标准。

4.2 操作要点

工作井拼装倒挂式梯笼固定利用工作井内4道钢筋混凝土支撑梁进行，施工至每层支撑时待支撑强度满足设计要求后，在支撑表面架设两根长度3.75m的HW400型钢（HW400×400×13×21），型钢架设完成后需对型钢进行固定，型钢固定采用两根ϕ20圆钢加工成Ω形植入钢筋混凝土支撑梁内，并焊接于型钢之上，然后将梯笼四周各采用两块200mm×200mm×20mm三角钢板焊接于型钢之上，以提高梯笼的安全稳定性。焊接采用双面焊，焊接质量满足相关规范要求；各连接部位螺栓采用统一规格、螺丝拧紧。现场拼装倒挂式梯笼安装使用如图9-13所示。

图9-13 现场拼装倒挂式梯笼安装使用

暗埋段段梯笼固定：采用40螺纹钢或10号槽钢等焊接满足设计要求的材料固定于邻近的立柱之上，每4m固定设置一层，每道设置的临时固定措施不少于两道。拼装倒挂式梯笼底部短梯设计如图9-14所示。

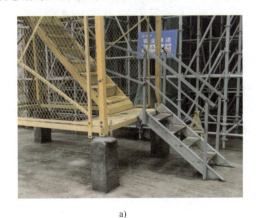
a)

b)

图9-14 拼装倒挂式梯笼底部短梯设计

梯笼接长：当基坑挖深至一节梯笼的高度（江阴靖江长江隧道工程JJSD-2标中每节梯笼高度为2m）后，使用起重设备将梯笼各部位构件吊放至基坑底，在基坑内采用拼装的方式将梯笼接长，当不满足一节梯笼高度时，现场配备相应作业面的斜梯与梯笼底部构件固定。梯笼未接长时严禁进行下一层土方开挖。依次循环，直至基坑开挖至设计高程。按每节6人重量进行计算，按最不利14节梯笼进行考虑，可承载84人，考虑施工过程中人员携带材料等上下的影响，实际管理过程中梯笼整体限载15人。

5 应用实例

拼装倒挂式梯笼已应用于江阴靖江长江隧道工程主体施工项目JJSD-A2标深基坑上下通道，实际应用情况如图9-15所示。

a)

b)

c)

d)

图9-15 工作井拼装倒挂式梯笼使用照片

6 创新证明

本案例所涉及的装置已获得专利授权，专利号为ZL 2022 2 0401702.0，实用新型专利证书如图9-16所示。

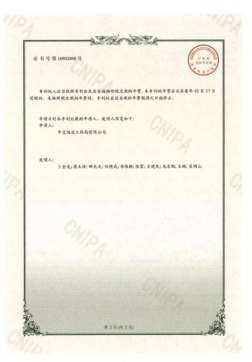

图9-16　实用新型专利证书

案例 10

混合料运输车覆盖平台

陈光伟[1]　周敦风[1]　白伟华[2]　史瑞文[2]

（1.江苏省交通工程建设局京沪连淮扩建工程指挥部；2.中交二公局第三工程有限公司）

1　概述

中交二公局第三工程有限公司基于京沪扩建路面工程混合料运输车辆覆盖篷布作业人员频繁登高、没有可靠的平台等情况，设计了混合料运输车覆盖平台，并成功应用于京沪高速公路扩建工程江苏省沂淮段JHK-XZ21标段施工全过程。在应用过程中，未发生车辆撞击平台事件。该平台的应用，改善了车顶作业环境，可供多人协同作业。该平台适用于公路水运工程混合料运输车辆的取样、平料、覆盖作业。

2　原理和特点

2.1　工作原理

混合料运输车覆盖平台包括斜爬梯、水平撑、竖撑、斜撑、工作平台、护栏等。混合料运输车覆盖平台设计如图10-1所示。

2.2　安全特点

在此平台作业，相较于以往在单侧小爬梯作业，覆盖人员登上车厢顶面时后蹬力被抵消，平台不会产生侧移，立足面增大，避免作业人员在车顶滑倒，降低劳动强度、提高施工效率、工作环境安全稳定，极大地提高了车辆覆盖的本质安全。

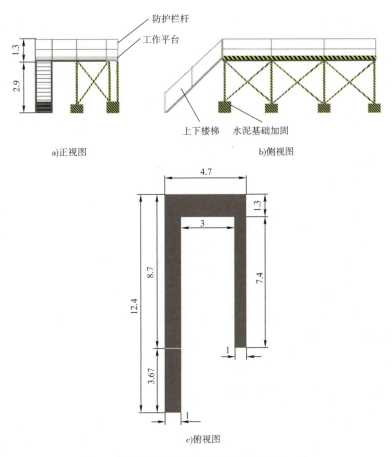

图10-1 混合料运输车覆盖平台设计图（尺寸单位：m）

3 创新点和适用范围

3.1 创新点

创新点：混合料运输车覆盖的盖布台，便于运输人员对混合料进行覆盖，同时可避免上下运输车辆发生安全事故。

解决问题：大幅降低混合料盖布人员在盖布过程中发生高处坠落伤害的风险，确保人员人身安全。

效益分析：减少人工，提高覆盖效率，保持混合料温度，减少水分散失，提高混合料成品质量。

3.2 适用范围

公路水运工程混合料运输车取样、平料、覆盖，对驾驶员倒车技术要求较高。

4 实施流程和操作要点

4.1 实施流程

4.1.1 创新构件的制作

（1）外形尺寸（长×宽×高）为12.4m×4.7m×4.2m；长分为三档，每档4.1m。

（2）水平撑、竖撑、斜撑采用100mm×100mm×6mm方钢，三者通过焊接形成一个三角架整体，保证支撑的稳定性。

（3）竖撑基础由50cm×50cm×50cm的混凝土浇筑而成（基础在地平面之下，外露40cm高度的混凝土为防撞防护结构）。

4.1.2 创新构件的安装、使用和拆除

（1）工作平台由4mm厚防滑钢板、100mm×50mm×4mm方钢组合铆接而成。

（2）斜爬梯由4mm厚防滑钢板、100mm×50mm×4mm方钢、$\phi 32×4$镀锌钢管组合焊接而成。

（3）防护栏杆由$\phi 32×4$镀锌钢管、100mm×50mm×4mm方钢组合焊接而成。

4.1.3 创新构件的验收标准

（1）基础及平台承载力验算。

整体地面为200mm厚、C30混凝土；平台共18根立柱，两根立柱共用一个基础，地下基础由50cm×50cm×50cm混凝土浇筑而成，地面混凝土防撞防护结构高40cm。

一个基础上，平台及立柱质量计800kg。

单个基础50cm×50cm×90cm的混凝土自重计540kg。

平台总承载4人（100kg/人），最不利状态为一个基础上计2人共200kg。

运输车自重35t+载货重40t，计10%水平撞击力，分解至12根45°斜撑传递至6个基础上，垂直压力为75000×10%/6=1250（kg）。

受力面积：$S=0.5\times0.5=0.25$（m^2）。

地基承受荷载为：800+540+200+1250=2790（kg）。

混凝土基础底面压强：$2790\times10/0.25=111600$（Pa）=0.11MPa。

一般压实粉土、黏土的承载力为120kPa，因此，需根据地质情况对混凝土基础基坑进行夯实或换填碎石等处理，确保地基承载力达到120kPa。

（2）立柱稳定性计算。

依据《公路桥涵设计通用规范》（JTG D60—2015），荷载分项系数取值如下：永久作用取1.2，可变作用取1.4，风荷载取1.1。

立柱□100mm×100mm×6mm方钢强度验算：

该构件属拉弯破坏构件，做强度验算。

按以下公式进行验算：

$$\frac{N}{\psi_x Af}+\frac{\beta_{mx}M_x}{\gamma_x W_x(1-0.8N/N'_{Ex})f}+\frac{\beta_{ty}M_y}{\psi_{by}W_y f}\leq 1$$

式中：N——轴心拉力；

A——净截面面积；

f——钢材的抗拉、抗压、抗弯强度设计值，对于Q235钢，$f=190N/mm^2$；

W_x、W_y——对x轴、y轴的净截面抵抗矩。

①求N。

平台自重为800kg，$N=800\times9.8\times1.2=9408$（N），1.2为分项系数。

②M_x车辆水平撞击高度4.2m，8个双立柱+6个斜双立柱+3个反拉斜双立柱=17个立柱共同受力产生弯矩，即：

$M_x=7500\times9.8\times4200/17\times1.4=25422353$（N）

其中，1.4为分项系数。

③$M_y=M_人\times1.4+M_风\times1.1$。

其中，1.4、1.1为分项系数；$M_人$为人员在4.1m平台跨中荷载弯矩，由两个支墩分担，$M_人=200\times9.8\times4100/2\times1.4=5625200$（N·mm）；$M_风$=（立柱风荷载×1.1+平台风荷载×1.1）/9根立柱。

基本风压根据安装地区取$0.5kN/m^2=500N/m^2$。

$M_风=1.1/9$（$1/2H^2\cdot q_{wk}+H\cdot F_{wk}$）$=1.1\times${$1/2\times4200\times4.200\times0.1\times24$（立柱受风面积：高×宽×根数）$\times500+4200\times$（$12.4\times2+4.7$）$\times0.6$[平台受风面积：长×（宽+水

平栏杆宽）]×500}=5836600（N·mm）。

其中，4.200×0.1×24为立柱受风面积，对应"高×宽×根数"；（12.4×2+4.7）×0.6为平台受风面积，对应"（宽+水平栏杆宽）×长"。

④求ψ_x、A_n、W_x、W_y、β_{mx}、β_t、N'_{Ex}。

立柱长度$l=h=420cm$，查表，立柱回旋半径$i=3.794cm$。

$\lambda=l/i=420/3.794=110.7$，查表，轴心受压构件的稳定系数$\psi_x=0.514$。

查截面特性得：$A_n=2160mm^2$，$W_x=77200mm^3$，$W_y=77200mm^3$，$I=4245680mm^4$。

$$N_{cr} = \frac{\pi^2 EI}{(\mu l)^2} = \frac{3.14^2 \times 206000 \times 4245680}{(0.65 \times 4200)^2} = 1157040 \text{（N）}$$

μ为两端固定构件的计算长度系数，取0.65。

$$\beta_{mx} = 1 - \frac{0.36N}{N_{cr}} = 0.997 ； \beta_{ty} = 1 - \frac{0.18N}{N_{cr}} = 0.999$$

$$N'_{Ex} = \pi^2 \frac{EA_n}{1.1\lambda_x^2} = 3.14 \times 3.14 \times \frac{206000 \times 2160}{1.1 \times 110.7 \times 110.7} = 103648 \text{（N）}$$

$$1 - \frac{0.8N}{N'_{Ex}} = 1 - \frac{0.8 \times 9408}{103648} = 0.927$$

受压截面发展系数γ_x，取1.05。

受弯构件整体稳定性系数ψ_{by}，闭合构件取1.0。

将以上各值代入公式，求得：

$$\frac{N}{\psi_x A_n f} + \frac{\beta_{mx} M_x}{\gamma_x W_x (1-0.8N/N'_{Ex}) f} + \frac{\beta_{ty} M_y}{\psi_{by} W_y f} = \frac{9408}{0.514 \times 2160 \times 2 \times 215} +$$

$$\frac{0.997 \times 25422353}{1.05 \times 77200 \times 2 \times 0.927 \times 215} + \frac{0.999 \times (5625200+5836600)}{1.0 \times 77200 \times 2 \times 215} = 0.991 < 1$$

故强度达到要求，在立柱+斜撑共用作用下，平台是安全的。

4.2 操作要点

（1）选用的材料必须符合现行国家标准要求；

（2）作业平台四周必须设置可靠的防碰撞设施，例如限速标志、黄黑相间反光警示灯、护轮坎、引导标线等；

（3）作业平台的尺寸需根据混合料运输车辆的外形尺寸灵活调整；

（4）作业人员经安全技术交底后上岗；

（5）护轮坎与作业平台内边缘应处于同一立面；

（6）护轮坎与车轮外侧或作业平台内边缘与车厢顶外边缘水平间距为150mm，主要原因是防止车辆碰撞作业平台，防止作业平台与车厢顶部间隙过大造成施工人员坠落等人身伤害；

（7）作业平台内地面后方，应根据运输车辆后轮距车厢后门距离及车厢后门距平台安全距离设置挡轮器；

（8）车辆倒入和驶出时，要确保作业平台上没有作业人员，倒车时要有专人指挥；

（9）操作人员进入作业区域，必须佩戴安全帽、防滑鞋、反光背心；

（10）雨雪雾霜天气过后，要确保斜爬梯、平台干燥，避免湿滑；

（11）施工人员作业时应注意周边环境，检查自身是否有不适感，以避免在作业时受到伤害；

（12）现场负责人和安全员，若发现施工人员不按规定作业，应立即指出，责令其改正，经指出仍不改者，有权停止其作业。

5 应用实例

混合料运输车覆盖平台已于京沪高速公路扩建工程江苏省沂淮段JHK-XZ21标段推广应用，现场应用照片如图10-2所示。

a) 车辆就位　　　　　　　　　　　　　　b) 人员进入工作平台

图 10-2

c) 篷布覆盖

图10-2 现场应用照片

6 推广应用展望

该覆盖平台已成功应用于京沪高速公路扩建工程江苏省沂淮段JHK-XZ21标段,并得到相应推广。以"高质量发展落实年""打通安全生产最后一公里"、安全生产专项整治三年行动、平安班组建设、继续深化"精细化施工年"等活动为契机,混合料运输车覆盖平台凭借其稳定性、立足面远高于单侧移动平台的优势,能够在工程建设中得到更好的推广应用。

案例 11

墩身施工模块化安全防护架

柳 民[1] 孙 晋[2] 张绳忠[3] 刘 锋[3]

（1.兴土股份有限公司；2.昆山交通发展控股集团有限公司；3.中铁二十四局集团有限公司）

1 概述

为降低墩身施工高处作业的风险、确保安全防护的覆盖率、提高施工效率和墩身施工作业架对各类墩身的适应性，研发了墩身施工模块化安全防护架。该成果已成功应用于312国道苏州东段改扩建工程昆山段、南沿江铁路、杭绍台高速公路、沪杭高速公路等工程项目；用于桥梁墩身防护架的连接件、模块化装配式施工平台、施工用登高梯、一种可调式外挑操作平台分别获得国家知识产权局授权的实用新型专利。相关系列产品广泛适用于公路水运工程各类墩身施工。

2 原理和特点

2.1 工作原理

墩身施工模块化安全防护架采用定型化装配式架体结构（包括单元框架、楼梯、外挂平台及防护网等），通过后场预拼装成标准框架单元模块，再通过现场分节吊装的方式拼装，标准节间利用高强螺栓相互连接，形成四周封闭、稳定的落地式防护架体，有效保障墩身高处作业安全。

2.2 安全特点

墩身施工模块化安全防护架的框架单元采用模块化设计，可预先拼装成框架单元，吊运到墩身施工安装位置，减少现场安装作业时间，降低施工安全风险。同时，墩身施工模块化安全防护架集成安全防护网、作业平台、施工通道、上下楼梯板等设施，护栏、扶手、安全带扣挂点等安全防护装置完备，在现场安装、墩身施工过程中最大限度保障人员的施工安全。

3 创新点和适用范围

3.1 创新点

（1）适应性强。墩身施工模块化安全防护架可用于圆柱墩、花瓶墩、重力墩、薄壁墩等各种墩型及其施工工艺，是桥梁墩身施工的专用化操作作业平台。墩身施工模块化安全防护架采用标准化设计，标准节框架单元可根据需要进行组合，以适应不同的墩身截面尺寸、墩身高度的变化需要。

（2）安装简便。墩身施工模块化安全防护架以单个标准节框架为拼装单元，上下框架单元之间采用销轴联结，框架单元立柱装有导向定位锥座，吊装对位后，插入销轴即可，安装快捷。可以实现多个标准节框架单元整体吊装，提高安装效率，加快施工进度。

（3）外形美观。墩身施工模块化安全防护架矗立在施工现场，外观形象美观大方，连接构件较少，一改以往脚手架杂乱无序的现象，提升了现场安全文明施工水平，改善了施工环境，展示了施工形象。现场施工照片如图11-1所示。

a)

b)

图 11-1

c) d)

图11-1 现场施工照片

3.2 适用范围

墩身施工模块化安全防护架适用于30m高度范围内圆柱墩、花瓶墩、重力墩、薄壁墩等各种墩型及其施工工艺,是墩身结构施工的专用化操作作业平台。标准节模块单元可根据需要进行组合,以适应不同的墩身截面尺寸、墩身高度的变化需要。

4 实施流程和操作要点

4.1 实施流程

4.1.1 创新构件的技术参数

创新构件的主要技术参数见表11-1。

创新构件的主要技术参数 表11-1

序号	主要项目		主要参数
1	框架单元外形尺寸（长×宽×高）	二框	2.52m×1.3m×2.1m
		三框	3.75m×1.3m×2.1m
		四框	4.97m×1.3m×2.1m
		五框	6.19m×1.3m×2.1m
2	框架单元的质量	二框	342kg
		三框	489kg
		四框	631kg
		五框	778kg

续上表

序号	主要项目	主要参数
3	楼梯单元的质量	294kg
4	框架立柱单根承载力	120kN
5	框架平台板承载	3.5kN/m²
6	楼梯承载	2kN
7	外挂平台承载	2kN
8	整体吊装转运框架允许数量	5框×3层
9	整体吊装转运最大高度	6.3m
10	基础抗压强度	>15MPa
11	验算基本风压	0.35kPa

4.1.2 创新构件的主要单元和零部件

创新构件的主要单元和零部件见表11-2。

创新构件的主要单元和零部件　　　　表11-2

序号	名称	图样	规格（长×宽×高或长×宽）	单位	材料	单个结构质量（kg）
1	二框单元		2.52m×1.3m×2.1m	套	Q235	342
2	三框单元		3.75m×1.3m×2.1m	套	Q235	489
3	楼梯单元		2.52m×1.3m×2.1m	套	Q235	294

续上表

序号	名称	图样	规格 （长×宽×高或长×宽）	单位	材料	单个结构质量 （kg）
4	外挂平台		1.2m×1.1m×1.2m	套	Q235	60
5	防护网		1.2m×0.9m	片	Q235	12.65
6	支撑1		0.1m×0.1m×1.26m	件	Q235	9.02
7	支撑2		0.1m×0.1m×1.26m	件	Q235	8.69
8	底框1		1.26m×1.3m	件	Q235	63.83
9	底框2		1.22m×1.3m	件	Q235	64.92
10	侧框1		2.1m×1.3m	件	Q235	41.67

续上表

序号	名称	图样	规格（长×宽×高或长×宽）	单位	材料	单个结构质量（kg）
11	侧框2		2.1m×1.3m	件	Q235	40.52
12	楼梯		2.0m×0.6m	件	Q235	38.68
13	防护栏		1.2m×0.6m	件	Q235	6.78
14	顶梁		2.52m	件	Q235	20.08
15	楼梯底框		2.52m×1.3m	件	Q235	72.85
16	扶手		2.14m	件	Q235	4.10
17	平台板		1.69m×0.66m	件	Q235	30.79
18	侧护栏		1.2m×0.5m	件	Q235	9.97

续上表

序号	名称	图样	规格 （长×宽×高或长×宽）	单位	材料	单个结构质量 （kg）
19	内侧护栏		1.17m×1.2m	件	Q235	16.59
20	外挂平台板		1.16m×0.5m	件	Q235	14.91
21	塑料盖板1		0.21m×0.21m	件	尼龙	0.51
22	塑料盖板2		0.21m×0.21m	件	尼龙	0.47

采用通用有限元分析软件进行单元框架应力、位移，以及框架组合水平荷载计算，单元框架及框架组合有限元模型如图11-2所示。顶框架、底框架及侧框架组成构件，单元类别采用梁单元，平台板采用板单元并扣除镂空面积，节点连接方式采用固定端连接。

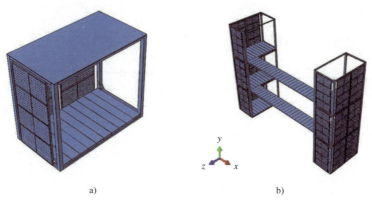

a)   b)

图11-2 单元框架及框架组合有限元模型图

(1)单元框架加载工况。

单元框架承载力计算按3种工况加载模拟,均采用顶层加载方式,加载形式如图11-3所示。

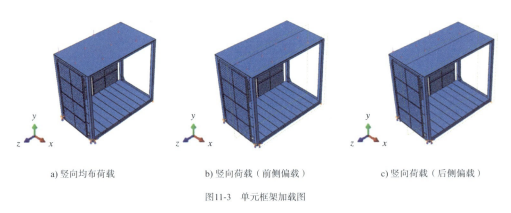

a)竖向均布荷载　　　　b)竖向荷载(前侧偏载)　　　　c)竖向荷载(后侧偏载)

图11-3　单元框架加载图

(2)单元框架应力及位移模拟计算结果(图11-4)。

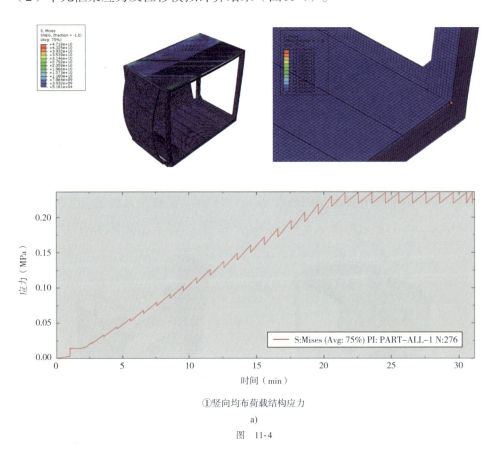

①竖向均布荷载结构应力

a)

图　11-4

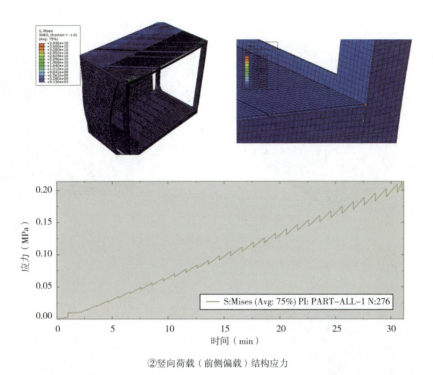

②竖向荷载（前侧偏载）结构应力

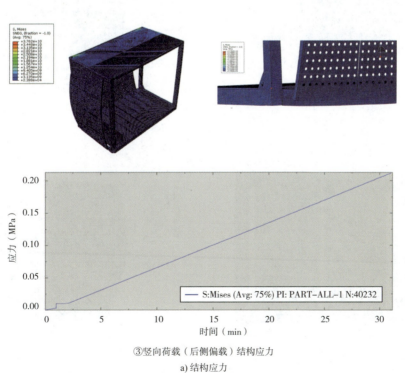

③竖向荷载（后侧偏载）结构应力

a) 结构应力

图 11-4

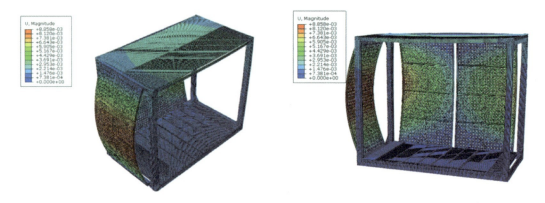

① 竖向均布荷载结构位移

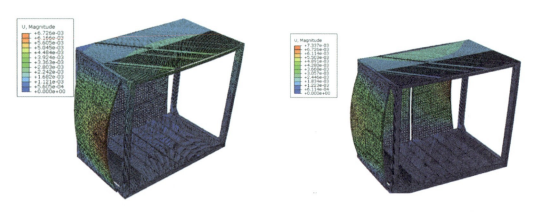

② 竖向荷载（前侧偏载）结构位移

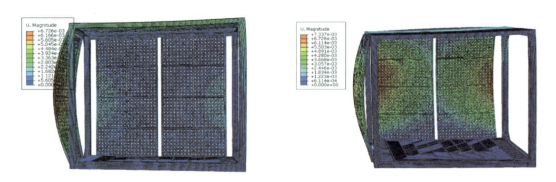

③ 竖向荷载（后侧偏载）结构位移

b) 结构位移

图 11-4

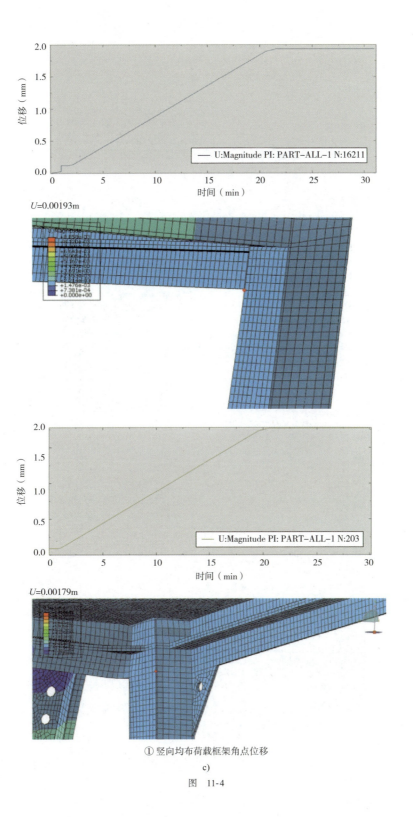

① 竖向均布荷载框架角点位移

c)

图 11-4

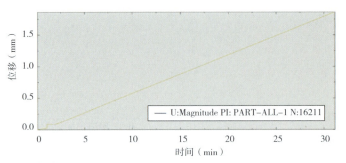

$U=0.00184$m

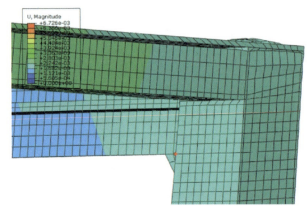

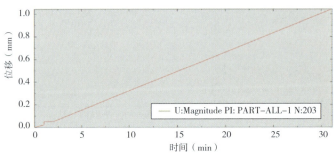

$U=0.00104$m

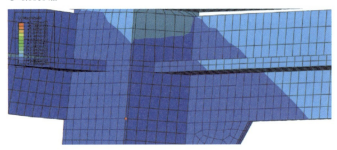

② 竖向荷载（前侧偏载）框架角点位移

c)

图 11-4

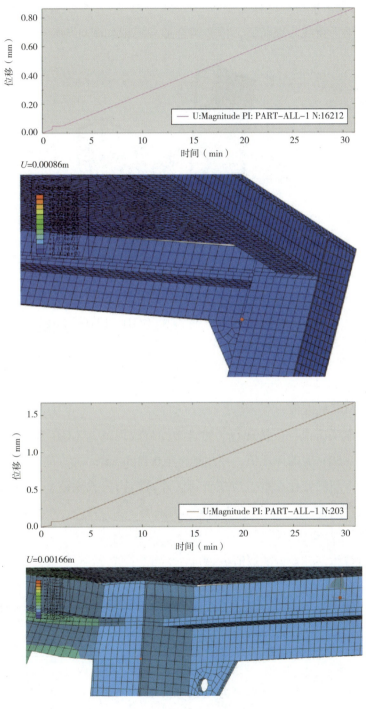

③ 竖向荷载（后侧偏载）框架角点位移

c) 框架角点位移

图 11-4　单元框架应力及位移图

(3)框架组合水平荷载计算。

①框架结构水平荷载为风荷载,框架组合加载模拟如图11-5所示。

图11-5 框架组合加载模拟图

根据《建筑施工脚手架安全技术统一标准》(GB 51210—2016),作用于脚手架水平风荷载标准值,应按下式计算:

$$w_k = \mu_z \cdot \mu_s \cdot w_o$$

式中:w_k——风荷载标准值;

w_o——基本风压值,应按现行《建筑结构荷载规范》(GB 50009)的规定取重现期$n=50$对应的风压值,使用地区取0.45kN/m²;

μ_z——风压高度变化系数,应按现行《建筑结构荷载规范》(GB 50009)的规定采用,按B类地面(海平面40m)采用,为1.52;

μ_s——风荷载体型系数。

脚手架风荷载体型系数μ_s的取值见表11-3。

脚手架风荷载体型系数 μ_s 表11-3

背靠建筑物的状况	全封闭墙	敞开、框架和开洞墙
全封闭、半封闭脚手架	1.0φ	1.3φ
敞开式脚手架	μ_{stw}	

②风荷载计算结果。

该施工防护架挡风系数ϕ计算值为0.38,$\mu_s=1.3\phi=1.3\times0.38=0.5$。

$w_k = \mu_z \cdot \mu_s \cdot w_o = 1.52 \times 0.5 \times 0.45 = 0.342$(kN/m²)。

设计值$w = 1.4 \times 0.342 = 0.479$(kN/m²)。

节点力$F_{顶}$=2.11×1.995×479/4=504（N），$F_{中}$=2.11×1.995×479/2=1008（N）。端（中）部框架结构的应力和位移如图11-6所示。

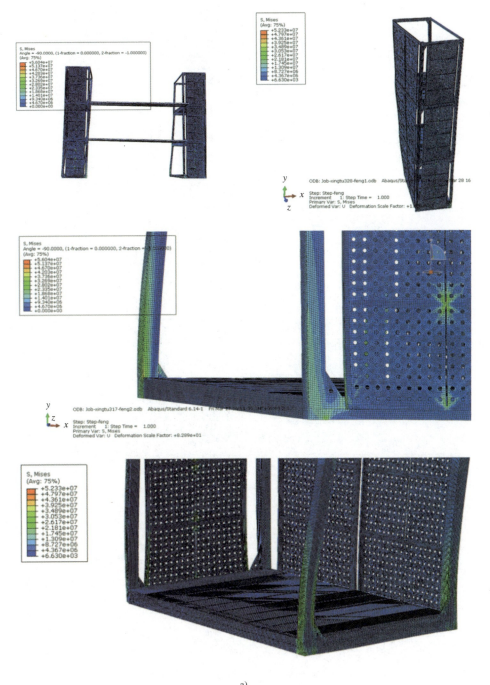

a)

图 11-6

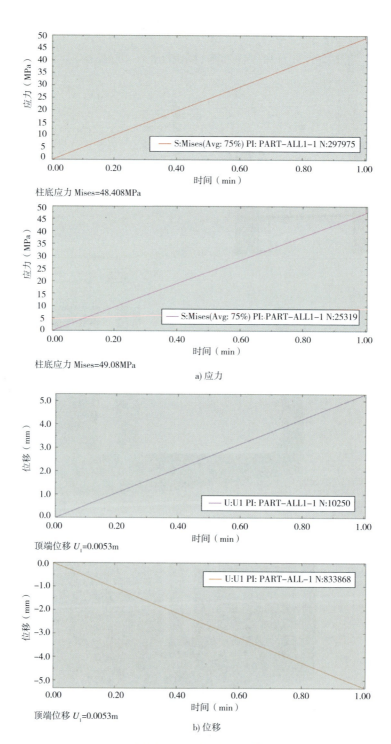

图11-6 框架组合应力、位移图
注：应力有限元模拟图中的应力单位为Pa。

③理论计算数据整理。

单元框架立柱屈服状态应力位移汇总见表11-4。由表11-4可知，框架单元结构在加载至190kN/m²时立柱达到屈服强度215MPa，此时单根立柱承受最大荷载为147kN，横向位移小于2mm。取1.2倍安全系数，则单根立柱承载力设计值取120kN。从应力云图（图11-6）上看，框架主体结构应力水平较低，说明单元框架在极限荷载状态下安全性良好。框架组合结构在风荷载作用下，结构应力值在10~50MPa之间，框架结构应力较小且较稳定，说明框架结构的受力能力稳定，安全性较好。

单元框架立柱屈服状态应力位移汇总表　　　　表11-4

加载类别	加载级别（kN/m²）	最大承载力（kN）	位移（mm）	屈服强度（MPa）
均布荷载	190	147	1.93	
前侧偏载	300	153	1.84	215
后侧偏载	300	153	1.66	

4.1.3　创新构件的安装、使用和拆除

安装过程一般分为四步进行：基础整平加固、零部件拼装成框架单元、框架单元吊装到位拼装成整体、附件安装。

4.1.3.1　基础整平加固

墩身施工模块化安全防护架必须有安装基础，且基础最好是主体承台。承台尺寸不满足防护架安装要求时，应在承台施工完成后对基坑分层回填土石并夯实，土石压实度不小于90%，对防护架安装区域铺设30cm道砟并压实；然后采用厚度为15cm、强度不小于C20的混凝土硬化，表面必须抄平，可铺垫钢板找平，确保防护架安装的垂直度；硬化完成后进行防护架安装。架空安装宜采用型钢平台作为防护架基础。

4.1.3.2　构件的安装

构件的安装应按照以下顺序进行：①放样划线；②第一层框架单元拼接；③第二层框架单元拼接；④三层及以上框架单元拼接；⑤内侧护栏等附件安装。

（1）第一层框架单元的安装。

框架单元有以下五种组成形式，可根据需要进行构配件组装。框架单元组成形式效果如图11-7所示。

a) 二框单元 b) 楼梯单元 c) 三框单元

d) 四框单元 e) 五框单元

图11-7 框架单元组成形式效果图

框架单元安装应注意如下事项：

①框架单元应按照安装布置图从一端开始安装，框架单元组成效果如图11-8所示。

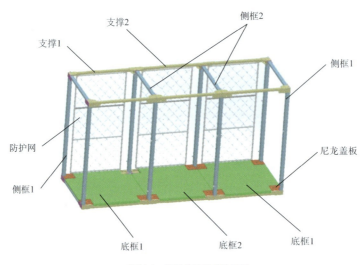

图11-8 框架单元组成效果图

②安装时拐角处需要有一个楼梯单元，一层一般有两个楼梯单元。楼梯单元有平台板的一侧应靠内布置，便于墩身作业，楼梯单元组成效果如图11-9所示。

③框架之间的横向联结：采用M16的螺栓连接，上下两面各安置两个，框架单元连接细部效果、实景分别如图11-10、图11-11所示，楼梯单元连接细部效果如图11-12所示。

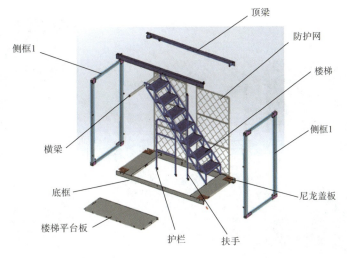

图11-9 楼梯单元组成效果图

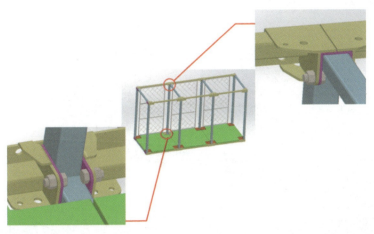

图11-10 框架单元连接细部效果图

图11-11 框架单元连接细部实景图

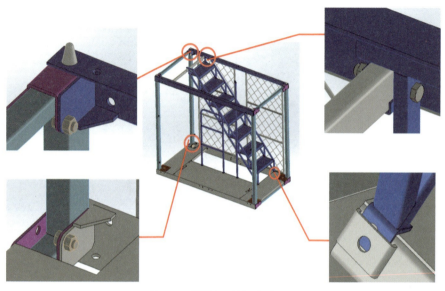

图11-12 楼梯单元连接细部效果图

按照上述步骤及要点装配首层框架,装配完成的首层框架单元效果如图11-13所示。

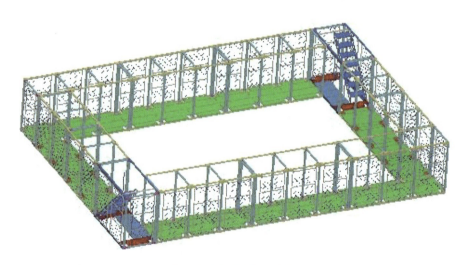

图11-13 首层框架单元效果图

(2)第二层框架单元的安装。

①安装顺序、联结方法同第一层。

②上下层框架的立柱锥座对正,上层的底框角钢放到下层顶框对应的U形卡内。与第一层的安装对位可采用撬棍辅助。

第一层与第二层框架单元连接细部效果如图11-14所示。

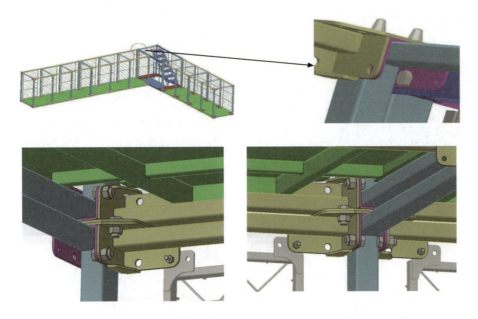

图11-14 第一层与第二层框架单元连接细部效果图

（3）外挑式工作平台的安装。

现场墩身防护架安装完成后，在需要的位置进行外挑式工作平台安装：按照操作空间大小，选择挂一节或两节，每节的长度为50cm。不需要外挑平台时，直接把护栏装在侧框立柱上，作为内侧防护。外挑式工作平台效果如图11-15所示。

图11-15 外挑式工作平台效果图

- 133 -

安装侧护栏：将侧护栏挂钩与框架单元侧框的方子连接，侧护栏分为左侧护栏和右侧护栏（对称件），需保证踢脚板在外侧。安装平台板：平台板安装在两个侧护栏中间，平台板两侧角板上的孔与侧护栏底部螺栓挂件相配合，放置时需先对准一侧再放置另一侧，平台板放置完成后，须立即将吊环螺栓旋转90°至螺栓挂件内锁定。根据需要决定外挑式作业平台的伸出长度，共有两种悬挑长度，分别为0.5m和1m。若外挑1m，则重复上述步骤，若外挑0.5m，则开始安装内侧护栏。安装内侧护栏：安装时需将内侧护栏挂钩与两个侧护栏方子配合。外挑式工作平台在墩身防护架安装位置立面图如图11-16所示，外挑式工作平台在墩身防护架安装位置俯视图如图11-17所示，外挑式工作平台构造及细部图如图11-18所示，外挑式工作平台侧护栏与框架单元连接细部图如图11-19所示。

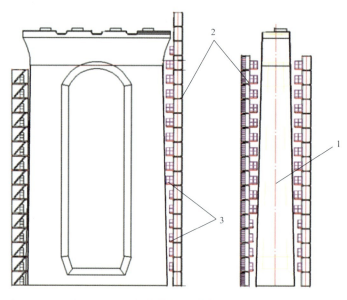

图11-16 外挑式工作平台在墩身防护架安装位置立面图
1-墩柱；2-墩身防护架；3-外挑式作业平台

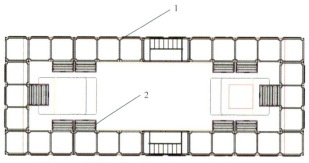

图11-17 外挑式工作平台在墩身防护架安装位置俯视图
1-墩身防护架；2-外挑式作业平台

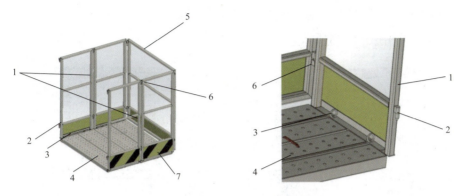

图 11-18　外挑式工作平台构造及细部图
1- 侧护栏；2- 护栏挂钩；3- 吊环螺栓；4- 平台板；5- 内侧护栏；6- 方子；7- 踢脚板

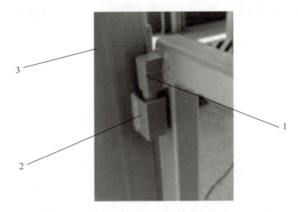

图11-19　外挑式工作平台侧护栏与框架单元连接细部图
1- 护栏挂钩；2- 方子；3- 框架单元侧框

4.1.3.3　墩身施工模块化安全防护架的组合优势

（1）单元的平面基准尺寸为1.3m×1.3m（一个楼梯相当于两个单元），可根据施工墩柱的结构特点、施工要求、现场吊装条件等因素，优化框架单元的组合方式，尤其应适合施工现场的周转使用。如图11-20中的C样式，列举了5种组合拼装方式。

（2）框架单元的最小调节宽度为1.3m，折合分在墩柱两边各65cm，可以应用外挑平台解决与墩身的操作间隙问题。对于圆形墩柱、两端圆弧矩形墩柱、上大下小的锥形墩、花瓶墩，使用外挑平台可以较好地解决施工中的间隙问题，如图11-21所示。

（3）对于大空间的门式墩、双柱墩，可以在墩间安装合适的框架单元，将其作为操作平台和通道。因为单元尺寸都是1.3m基数，所以方便单元间的连接。对于空间较小的情况，为了有足够的施工间隙，不能使用框架单元的，可以搭设横向通道。横向通道的搭设材料用配套设计的建筑用脚手架钢管和扣件，按配套的定型产品通道的宽度有

60cm、90cm两种，通道长度不宜超过6m，上下层之间用通长的钢管（$\phi 48 \times 3.0$）用作立柱联结，墩间操作平台与通道示意图如图11-22所示。

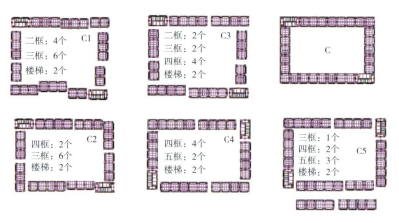

图11-20　框架单元组合拼装方式示意图

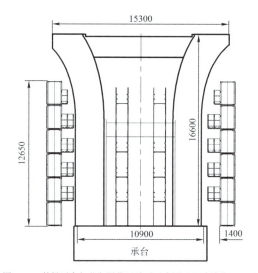

图11-21　外挑平台与花瓶墩位置关系示意图（尺寸单位：mm）

4.1.3.4　墩身施工模块化安全防护架的拆除与转移使用

（1）墩身施工模块化安全防护架拆除应按照拆除方案作业，并有专人负责吊装指挥和检查。

（2）框架单元拆除应按与拼装相反的顺序由上至下逐一进行。

（3）在吊装前应先拆除相应部位的外挂平台、附墙连接件、缆风绳等附属物，并做确认和记录。

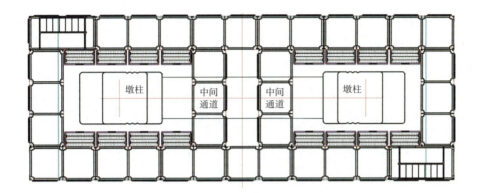

图11-22 墩间操作平台与通道示意图

（4）在拆除上下、左右的框架连接螺栓前，应在吊点挂好钢丝绳，并保持起重机工作状态。钢丝绳用卸扣和吊带联结，吊带固定在指定的立柱上端位置。

防护架拆除吊带及安装位置实景图如图11-23所示。

图11-23 防护架拆除吊带及安装位置实景图（构件未圆边时应垫护）

（5）在起吊框架单元前，应有专人检查复核周边螺栓的拆卸情况，必要时应在待拆除的框架单元下部合适位置系缆风绳，防止框架在空中转动。

（6）拆除的框架应放在平整的地面，防止倾倒和变形。

（7）拆卸下来的框架应及时转运到下一工位周转使用或拆解成零部件堆放，保证现场有足够的作业场地。

（8）只允许单排拆卸和吊装，禁止带转角L形吊装拆除。

4.1.3.5 墩身施工模块化安全防护架安装拆除注意事项

（1）禁止墩身施工模块化安全防护架在四周相连状态下进行整体吊装转运。

（2）整体转运时须考虑起重机的作业条件及起重能力。

（3）整体吊装转运高度不宜超过3层，每层框架单元不超过5个。

（4）左右幅周转使用时，可以单侧整体吊装转运，但吊装总高度不宜超过3层，且须在吊钩摘钩前将底座锚固在基础上。一次性整体吊装转运的框架单元总数不得超过15个。

（5）整体吊装优先采用单侧整体吊装、单列整体吊装，降低框架单元上下层对位难度。

（6）框架单元吊装时应使用卸扣配钢丝绳四点吊装，禁止两点起吊。

（7）吊装的框架单元在摘钩前应放置平稳，严禁倾斜放置，避免倒塌。

（8）设置附墙是提高防护架整体稳定性的有效措施。防护架安装与立柱施工分节对应设置附墙，消除模板失稳的作用力可能产生的不利影响。根据架体高度和现场条件设计附墙杆。当架体高度为15~20m时，可6~10m设置安装一道附墙；架体高度大于20m时，在10m以上每隔6m增加一道附墙。附墙一般安装在防护架的两端，附墙杆应根据计算确定，本应用案例附墙杆采用[10或I10型钢，与防护架内侧的立柱节点联结。附墙杆安装平面、立面布置图如图11-24所示。

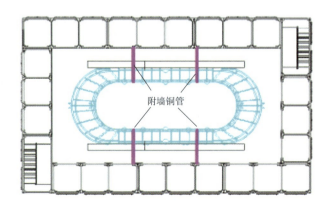

图 11-24

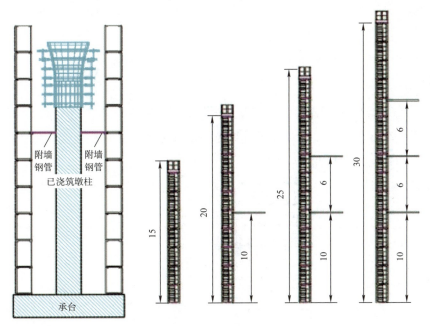

图11-24 附墙杆安装平面、立面布置图(尺寸单位:m)

4.1.4 创新构件的验收标准

(1)防护架进场应提供产品合格证,并进行外观检查验收。

(2)应参照《钢结构工程施工质量验收标准》(GB 50205—2020)相关要求进行检查验收。

(3)安装检查的重点是各部位的联结情况:

①螺栓:检查螺栓是否全部拧紧到位,不应有遗漏。

②外挑平台:平台板两端的限位螺栓要旋转90°锁定,内侧护栏上下挂钩要全部插在方子里。

③楼梯单元:楼梯下端的限位板是否插在底框的U形板内,平台板是否放置妥当,是否塌陷、移动,若有须取出重新放置。

④防护网:四角的4颗螺栓全部安装好,紧固到位。

4.2 操作要点

(1)防护架架体搭设前应编制施工方案,并严格按方案搭设。

(2)架体拆除、转运及二次安装时,应编制拆除、转运及周转方案,并严格按方案实施,有变更时应补充详细方案,并经项目现场技术负责人书面同意。

（3）整体吊装时，上下层定位点较多，对位困难时，宜采取多点同时控制、逐层紧固围护后，多人从一端同步对位逐步对位。

（4）附墙杆不应与墩身模板和钢筋联结。施工时不应利用墩身防护架的刚度进行钢筋架立和模板安装调节。

（5）顶层存放的钢筋质量，应满足整个平台单侧不能超过2t的要求，且不能集中堆放。

（6）安装高度超过15m时，宜在墩身防护架外侧设置抗风钢丝绳，防护架抗风钢丝绳安装示意图如图11-25所示。

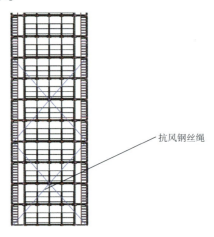

图11-25　防护架抗风钢丝绳安装示意图

注：1.抗风绳采用ϕ8mm钢丝绳，剪刀式布置。
　　2.抗风绳与地面的倾斜角在45°~60°之间。
　　3.抗风绳采用两根，两端分别与框架、花篮螺栓连接，花篮螺栓置于两根抗风绳中间。
　　4.抗风绳联结点在侧框上，采用M16×70的螺栓固定。

（7）模板和钢筋骨架的缆风绳在安装时应避免与防护架相互干扰，可适当调整地锚的放置位置，使缆风绳从防护网外边的空隙穿出；无法避免时可以将相应的防护网片拆除，换成外挑平台用的护栏。

（8）与地锚联结的缆风绳宜采用ϕ10mm钢丝绳，缆风绳与地面的夹角宜控制在30°~45°。

5　应用实例

墩身施工模块化安全防护架已应用于中铁二十四局集团有限公司312国道苏州东段改扩建工程昆山段KS4标。

6 创新证明

本案例所涉及的装置已获得4项专利授权，专利号分别为ZL 2019 2 2254887.8、ZL 2017 2 0368617.8、ZL 2017 2 1799054.4、ZL 2021 2 1046843.7，实用新型专利证书如图11-26所示。

a)

b)

c)

d)

图11-26 实用新型专利证书

案例 12

可移动式多重安全限位器

朱亚德[1]　丁孝德[1]　蔚永旺[2]　杨平庆[1]

（1.兴德（江苏）安全科技有限公司；2.中交路桥建设有限公司）

1　概述

为提高架桥机、门式起重机等设备行走轨道终端止挡的有效性，对重要安全装置实行多重防护功能，将激光未接触式预先切断动力电限位器、机械触点传感器接触式切断动力电限位器、高强度弧形楔铁机械接触式缓冲限位器，整合成可移动三重安全限位器。该限位器可用4个锁紧螺栓卡固在横移轨道束腰部位，无须经常变位；也可与钢轨焊接，形成有优先级的三重安全限位车挡。"一种架桥机轨道移动限位器"已获得国家知识产权局授权的实用新型专利，专利号为ZL 2022 2 2738193.3，并成功运用于东兴高速公路DX-DT1标工程项目。该限位器制作工艺比较简单，稍加改制即可安装于不同型号的行走轮箱、行走轨道上，广泛适用于架桥机、门式起重机等行走轨道移动式或固定式的止挡，尤其是在变宽桥梁架桥机横移轨道上，能够及时有效限位。

2　案例简述

2.1　工作原理

可移动式多重安全限位器由激光（或者红外光，以下以激光防撞限位器为例）防撞限位器、反光贴片、触控杆、触点传感器、钢质限位楔等有关组件构成。

2.2 关键技术

（1）起重机械行走轨道限位器往往是相对固定的双组合机构，有以下不足：不能适应变宽桥梁、临时限位等施工需要；多重限位优先级不明确；机械止挡限位为刚性限位，没有缓冲功能，一旦发生作用容易引起机械损害。

（2）轨道上安装的可移动式多重安全限位器，是一种可灵活夹持在轨道任意部位，具有激光未接触式预先切断动力电限位、机械触点传感器接触式切断动力电限位、高强度弧形铁楔机械接触式缓冲限位的三重组合安全限位器。

（3）激光限位器和机械触点限位器可与设备监控系统和设备操控系统相关联，自动切断动力电源和启动制动、锁定装置，触发制动系统动作，避免机械越位。

（4）最后一道安全限位器采用弧形铁楔和末端垂直机械止挡，铁楔的机械强度高，弧形板在机械行走轮越界外移时反作用力逐渐增大，形成缓冲，后面有一处垂直限位装置，其强度能阻止机械行走轮冲断止挡，避免发生事故。

（5）可移动式多重安全限位器可用4个定位螺栓卡固在横移轨道束腰部位，螺栓上有止退螺母，防止长期使用、振动中卡固松动，可根据轨道尺寸设计定位螺栓；在轨道上安装该限位器时，要注意轨道本身固定要牢固，可适当加大轨道压板的密度；在两根平行轨道上同时安装限位器时，要注意前后轨道位置的一致性，避免止挡不同步。

（6）止挡若采用焊接连接，应选用碱性低氢型焊条（碱性焊条药皮中采用大理石，在电弧燃烧过程中被分解，放出二氧化碳作为造气剂，其含氢量很少），须确保两种材质的焊接质量。轨道上安装的可移动多重安全限位器结构如图12-1～图12-3所示。

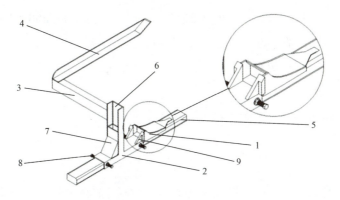

图12-1 轨道上安装的可移动多重安全限位器结构示意图
1-限位楔；2-底座；3-悬臂杆；4-触控杆；5-铁轨；6-工字槽；7-内角连接件；8-螺栓；9-防倾覆板

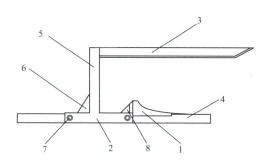

图12-2 轨道上安装的可移动多重安全限位器结构左视图
1-限位楔；2-底座；3-触控杆；4-铁轨；5-工字槽；6-内角连接件；7-螺栓；8-防倾覆板

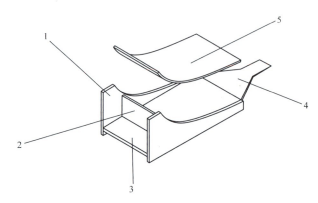

图12-3 轨道上安装的可移动多重安全限位器限位楔结构示意图
1-挡缘；2-加强肋；3-底板；4-引板；5-弧形板

相关标准参数如下：

①依据《铁路用热轧钢轨》（GB/T 2585—2021），钢轨断面如图12-4所示。

②限位器机械限位部分的验算参照《吊车轨道联结及车挡（适用于混凝土结构）》（17G325）的内容，本案例对ME60+60/5-36A_3门式起重机（简称ME60门式起重机）大车车挡进行相关验算。

③作用于车挡的ME60门式起重机纵向水平撞击力设计值F（kN）按下式计算：

$$F = \frac{\xi G v_0^2}{2gS} \times \gamma_0 \quad (12\text{-}1)$$

ME60门式起重机和架桥机均属软钩吊车，ME60门式起重机冲击体重量为：

$$G = G_0 + 0.1 \times Q \quad (12\text{-}2)$$

式中：G ——冲击体重量（kN）；

Q ——ME60门式起重机额定起重量（kN）；
G_0 ——ME60门式起重机总重（自重）（kN）；
v_0 ——碰撞时大车速度（m/s），取$v_0=0.5v$；
v ——大车运行额定速度（m/s）；
g ——重力加速度（m/s²），取9.81m/s²；
S ——缓冲行程（m）；
ξ ——考虑车挡上弹性垫板变形等有利因素系数，取0.8；
γ_0 ——ME60门式起重机荷载分项系数，取1.4。

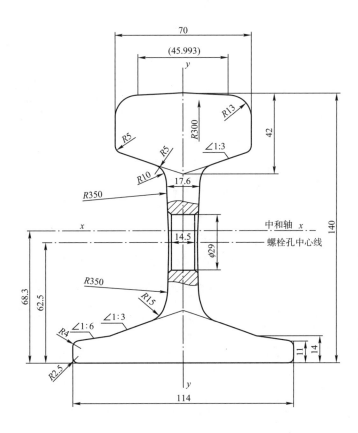

图12-4 钢轨断面图（尺寸单位：mm）

由ME60门式起重机说明书可知，大车运行速度9m/min。

④ME60门式起重机轨道上行走轮直径340mm，车挡圆弧板设计直径为520mm；缓冲器可安装于轮箱上，缓冲行程140mm，也可安装于弧形车挡之后图12-5、图12-6 中的2×［12立杆上，本设计推荐安装在轮箱端面，部件详图如图12-7所示。

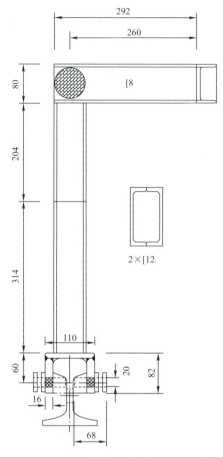

图12-5 轨道上安装的可移动多重安全限位器止挡段断面图（尺寸单位：mm）

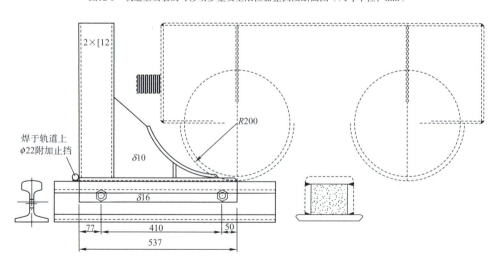

图12-6 轨道上安装的可移动多重安全限位器弧形楔段侧面图（尺寸单位：mm）

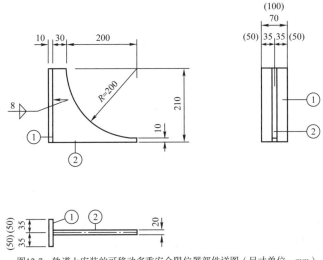

图12-7 轨道上安装的可移动多重安全限位器部件详图（尺寸单位：mm）

⑤限位器螺栓选择计算。

根据ME60门式起重机设计说明书及轨道、轮箱安装图，ME60门式起重机纵向水平撞击力$F=237.1$（kN），ME60门式起重机最大轮压为235kN。

根据图12-8计算止挡机构的最小滑动摩擦阻力。当行走轮上升到弧形楔处于36°时，235kN轮压产生正压分力$23.5 \times \cos 36°=190$（kN）；产生水平撞击分力$23.5 \times \sin 36°=138$（kN），加ME60门式起重机撞击力$F=237.1$（kN），共计375.1kN。钢的滑动摩擦系数0.4，产生最大摩擦力$F=19 \times 0.4=76$（kN），钢轨腰部单个10.9级ϕ20螺栓扭力233kN，两个螺栓所受扭力为466kN，夹紧时钢的滑动摩擦系数为0.73，摩擦阻力为$466 \times 0.73=340$（kN），总摩擦力=夹紧时钢的摩擦阻力340kN+滑动摩擦阻力76kN=416kN≥375kN。

⑥ME60门式起重机撞击止挡机构时能量平衡计算。

弧形楔引导行走轮上升，ME60门式起重机动能转化为势能$Mv^2/2=Mgh \times 0.5 \times (9/60)^2=9.8h$，$h=0.011$m。当一侧行走轮接触点上升2.2cm，门式起重机整体上升0.011m，ME60门式起重机和吊物动能基本转化为势能。

当轮箱触及刚性止挡杆时，一侧行走轮上升12.3cm，$v=(2 \times 9.8 \times 0.0615) \times 0.5 \times 60=65.9$（m/s），与标准图集推荐行走速度相当。

因此，常规状况尽量做有斜支撑设计，固定的止挡可在轨道末端加焊挡铁，移动的四个10.9级ϕ20螺栓，一定要在锁紧后加防松螺母，使用第一周复紧一次，以后每月至少复紧一次。

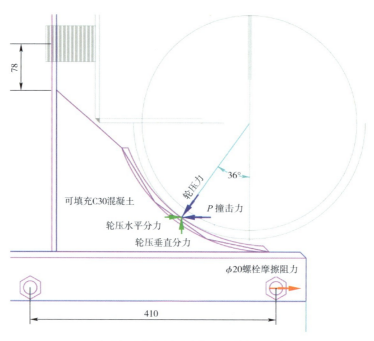

图12-8 弧形楔止挡受力图（尺寸单位：mm）

将各部件分解，并计算单件车挡质量，见表12-1。

单件车挡质量　　　　　　　　　　　　　　　表12-1

序号	名称	材质	断面积（m²）	密度（kg/m³）	单位长度质量（kg/m）	长度（m）	质量（kg）
1	下夹板	16A3 板	0.001152	7850	9.0432	1.074	9.71
2	底板	10A3 板	0.00011	7850	0.8635	0.537	0.46
3	止挡杆	双拼［12	—	—	10.43	1.036	10.81
4	横接触杆	［8	—	—	7.05	0.292	2.06
5	竖接触杆	［8	—	—	7.05	0.519	3.66
6	弧形楔侧板	10A3 板	0.0359	7850	281.815	0.02	5.64
7	螺栓螺母	10.9 $\phi 20 \times 70$	0.000314	7850	2.4649	0.40	0.99
钢材质量合计（kg）							36.08
填充混凝土质量（kg）							6.03

2.3 创新点和解决的主要问题

（1）创新点：有优先级地整合三道控制防线对起重设备轨道上行走轮进行制动，保证起重设备临边不越位安全运行；通过在底座上固接两个防倾覆板，并将限位楔的尾部与防倾覆板相抵贴，以避免限位楔在车轮的碾压下失稳倾覆；机械止挡限位钢楔为弧形板限位钢楔，有一定的缓冲功能，一旦发生作用，反力逐渐增加，不是紧急制动，不易引起机械损害。

限位器在轨道上可移动安装，夹持部位灵活，对变宽桥梁、需临时限位的起重设备的安装或在起重设备倾覆范围内布置有工厂，以及特殊天气需要采取限位措施的情况尤为适用；夹持螺栓带锁紧螺母，不易因振动引起松动，而引起止挡失效。

（2）解决的主要问题：以往的限位器一般为固定的双重止挡，设置比较分散，刚性止挡不带缓冲，轨道连接采用直角焊接，因轨道与止挡材料不一致，焊接质量不高；不便于移动，如果传递制动信号的信号源失效，将会造成生产安全隐患或导致事故发生，仅一种控制系统有较大的安全隐患，因此发展多道控制防线将使安全系数大大提高。本案例所述及的起重机械轨道上可移动限位器，增加了安全防线数，变宽桥梁架设、特种设备安装时可方便地在第一时间形成防越位防护，消除起重机械越位这类机毁人亡较大安全隐患。

3　适用范围

适用于起重机械固定轨道上移动式止挡和固定式止挡，如果因架桥机横移轨道初期定位有少许偏差而造成限位偏移，则可很快调节到正确位置。

架桥机架设变宽桥梁时横移轨道上能够及时有效设置限位装置。

4　实施流程和操作要点

4.1　实施流程

以架桥机的轨道限制器为例，对轨道限制器进行两道防锈漆防腐。

根据起重机吨位、移动速度、行走轮规格、轨道类型，以及轨道下型钢支架的形式，选择Q235碳素结构钢制作轨道上移动式限制器主体；根据轨道的轨道设计形式，选择夹持螺栓，制作夹持机构。

在限位器使用前，需将限位器主体放置在铁轨上的合适位置，同时用器具上紧底座上的螺栓，可使用六角套筒或者扳手，使整体紧固于铁轨上，接着将限位楔抵贴在主体上防倾覆板一侧，完成安装；进行制动传感位置调节，确保作用顺序和同步性，联调监控系统和操控系统。

本案例产品提供了三道防线来对架桥机进行制动。

第一道防线，由底座上的反光贴与架桥机的激光防撞限位器组成。具体使用时，底座上工字槽上端部分安装的反光贴与架桥机上的激光防撞限位器构成第一道安全防线，后者朝前者移动，前者将后者装备的激光防撞限位器发射的激光经过反射，激光接收装置接受激光后实时计算两者距离，待达到设定距离后，将触发传感器下达制动指令，架桥机则立即进行制动等操作。

第二道防线，由触控杆与架桥机上的触控开关组成。具体使用时，当上述第一道防线失效时，架桥机将因驻车系统不触发而继续行驶，继而进入第二道防线保护范围。架桥机继续行驶，当安装在其上的触控开关接触到触控杆前端坡度端头时，触控开关上的弹性触发装置被坡度端头缓缓下压，继而触发断电机制，进行制动等操作，架桥机立即停止向前运动。

第三道防线，由限位楔构成。具体使用时，当上述两道防线都失效时，架桥机将继续向前移动，其车轮沿着铁轨滚动至限位楔处，并沿着引板继续向前移动，当移动至弧形板时，由于板面呈弧形，且尾部弧度较大，车轮将在缓慢行驶下得到下滑反力而减速，进而停止向前运动，防止架桥机冲出工作区。

4.2　操作要点

（1）粘贴于底座上的反光贴组件，用于与架桥机上的激光防撞限位器相配合。

（2）加强肋固定于挡缘的内侧，用于连接底板和弧形板。引板采用底部与铁轨表面相贴紧的"Y"形结构。引板较宽的一侧与底板相连接，较窄的一侧宽度小于铁轨的宽度；引板较宽一侧的高度大于引板较窄一侧的高度，以形成坡度。

（3）为保证限位楔所包含结构间的连接稳定，挡缘、加强肋、底板、引板和弧形板间通过焊接连接。

（4）螺栓对称分布于底座底部套槽四角处，用于固定底座与铁轨；螺栓由螺母与螺杆组成，其螺母固定于套槽上，螺母所在套槽处设置孔洞，孔径与螺母内螺纹一致，螺杆端部设置有六角帽头，螺杆可在扳手的配合下实现旋进旋出。

（5）为了防止限位楔在车轮的碾压下失稳倾覆，在底座上固接两个防倾覆板，防倾覆板固定安装于套槽靠近限位楔的一端。

（6）两个防倾覆板对称分布于套槽的顶端两侧，防倾覆板的端部与套槽的端部相平齐，以与限位楔相抵贴；安装限位楔时，除了将挡缘正确卡置在铁轨上，还需将限位楔尾部抵贴在防倾覆板上。

（7）触控杆的一端与悬臂杆远离底座的一端相固定，触控杆的另一端为坡度端头，端头的坡度向上延伸，以与架桥机上的触控开关相配合。还需说明的是，触控杆的坡度端头为倒坡度；其次，触控杆上表面应与触控开关上的弹性触发装置上端保持同一水平，且触控杆的坡度端头的高度应大于其触发行程阈值，以保证触发开关经过坡度端头的下压后能正常切断电源。

5　控制要点

（1）反光贴材料反射性能好，反光贴安置在工字槽面向限位楔一侧，其中心高度与架桥机上的激光防撞限位器保持在同一水平线上，且应贴合牢固，防止发生掉落。

（2）挡缘由位于底板两侧的两片挡板组成，且底板的底面略高于挡缘的底面。

（3）悬臂杆的一端与工字槽的上部一侧相固定，其纵向轴线与工字槽相垂直。

6　应用价值

（1）经济价值：如果16跨变宽双幅桥梁架桥机每次穿跨后，发生一次焊接的限位移动，每次改移为前后两处车挡，一次切割焊接移动耗时2h，费用500元，总费用在9000元左右；移动轨道上移动式止挡，耗时0.5h，费用50元，总费用在900元左右；全桥节约24h，节约总费用8100元左右。

（2）社会价值：其制作和安装方便，安全性好，性能可靠；利用电控驻车及机械限位的方法，解决了架桥机驻车系统安全性不高的问题，极大地提高了架桥机的安全稳定性，具有良好的使用效果，大大提高其安全系数，降低财产损失的可能性。

7　创新证明

架桥机中轨道上可移动多功能限位器实体照片图如图12-9所示。本案例所涉及的装置已获得专利授权，专利号为ZL 2022 2 2738193.3，专利证书如图12-10所示。

a) b)

图 12-9 限位器实体照片图

图 12-10 专利证书

案例 13

混凝土墙式护栏施工自行式液压模板

毛 娟[1] 龚 俞[1] 陈 锋[2] 刘 彪[2]

(1.常州市武进区公路事业发展中心;2.江苏省交通工程集团有限公司)

1 概述

基于常州青洋路快速化工程QYLKSH-2020-SG1标项目部对混凝土墙式护栏开展的施工工艺设备优化研究,形成了混凝土墙式护栏施工自行式液压模板体系,模板行走平稳,施工质量、外观优良,工人作业环境安全性好,施工速度快,用工少。"自行式混凝土挡墙现浇施工设备及方法"已获得国家知识产权局授权的发明专利。自行式液压模板适用于混凝土墙式护栏施工。

2 原理和特点

2.1 工作原理

混凝土墙式护栏施工自行式液压模板体系由模板系统、液压顶升装配系统、液压自动行走系统、控制系统、配重系统和安全防护装置六部分组成。控制系统是模板体系的核心,采用智能遥控技术,精确控制模板系统整体安装、拆除,以及模板曲线调整,同时控制整套体系自动行走。液压顶升系统是模板体系的框架,为模板安装、固定和拆除的反力支撑架。配重系统和安全防护装置是模板体系保安全、抗倾覆的关键设施,使桥梁护栏模板外边缘成为稳固的高空操作平台。

混凝土墙式护栏施工自行式液压模板实现了桥梁护栏智能化、自动化施工,减少了作业人员投入，减少了施工中的模板变形，规避了传统护栏施工工艺中模板频繁安拆拼装的起重吊装作业、避免了高空作业和人员的半悬空作业、无平台作业，全部实现平台化，防护设施齐全，极大降低了安全风险，减少了拼接零部件，提高了拼缝质量和工效。

（1）液压模板采用钢模板，模板分节设计拼装，单节长约4m，钢面板采用6mm厚的钢板，外侧设置横向、竖向围檩支撑，以保证模板刚性。

（2）模板安拆和调节采用液压方式，提吊杆和平移油缸用于模板的整体移动，斜撑杆用于模板的紧固和护栏尺寸的调整。

（3）模板行走采用液压驱动，通过型钢轨道行走，平稳、安全。

（4）液压模板的安拆和行走均通过无线遥控方式进行操作，操作盘有各液压驱动力的显示装置，可实现直观控制。

2.2 安全特点

与常规护栏施工方法相比，本方法采用智能遥控技术控制体系行走和模板安拆，减少了过程中的吊装作业，形成封闭式平台作业，大大降低了施工作业中的安全风险。

3 创新点和适用范围

3.1 创新点

（1）实现模板安拆作业的全过程自动化，相较于传统的吊装安拆模板，避免了悬高拼装、紧固、拆解操作，人员工作强度明显降低。

（2）采用智能遥控技术控制体系行走和模板安拆，相较于传统工艺，减少了过程中非标机械的频繁吊装作业，大大降低了施工作业中的安全风险。

（3）安拆作业工序简单、过程快捷、作业人员精减，3人就能完成整个中护栏模板安装、拆除、混凝土浇筑作业。

（4）液压模板实现安装定位、脱模、行走就位全过程遥控控制，大大缩短了施工时间，从脱模开始到模板行走至下一节段护栏施工位置仅仅需要15min。气温高时，混凝土强度上升快，一天可实现两模中护栏浇筑，极大地提高了施工工效。

（5）液压模板整体开合安装拆除，模板的整体线形稳定。液压杆联动模板，通过模板边缘线定位，成型后混凝土护栏线形顺直美观。

以上创新，解决了传统墙式护栏模板安拆施工中人工成本和时间成本高、安全风险高的问题，同时取消了护栏施工吊装作业，形成封闭式平台作业。

3.2 适用范围

混凝土墙式护栏施工自行式液压模板适用于平面半径3000m、施工区段调平层已完成的桥梁混凝土墙式护栏施工。应根据护栏结构尺寸、模板重量施工荷载核算配重，确保极限状态、恶劣天气环境下人身和机具安全，并对配重加以固定。

4 实施流程和操作要点

4.1 实施流程

4.1.1 创新构件的制作

中护栏液压模板总体拼装立面图、外护栏液压模板，分别如图13-1、图13-2所示。

图 13-1 中护栏液压模板总体拼装立面图

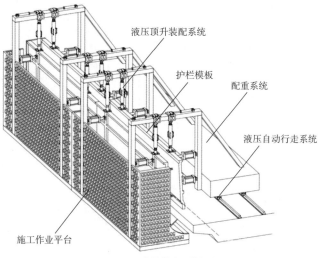

图 13-2 外护栏液压模板图

（1）模板系统：模板分节可按照3.5m+4m/节×6节+3.5m=31m配置（不同跨径、斜交桥梁可适当调整模板节长和节数；端模为盖模，斜交桥须另行设计端模）；钢面板采用5mm厚的钢板，外侧设置横向、竖向围檩支撑。模板系统如图13-3所示。

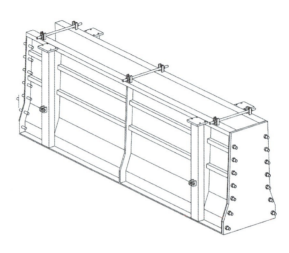

图13-3　模板系统图

（2）液压顶升装配系统：每节模板均设置提吊撑杆和斜撑杆与主框架连接，主框架上横梁设置平移油缸。模板的安装、调整和拆除可以通过操作连接在模板上的液压杆来实现，每节模板均可进行平曲线调节。液压顶升装配系统如图13-4所示。

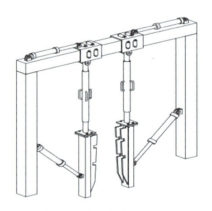

图13-4　液压顶升装配系统图

（3）液压自动行走系统（图13-5）。

①中护栏：根据模板行走宽度，在中护栏两侧放设行走轨道，两侧距离均布，安装液压模板，使中护栏位于液压模板中间。

②边护栏：在护栏内侧桥面上设置两条轨道，并采用混凝土预制块或型钢配重，在护栏外侧设置施工作业平台。

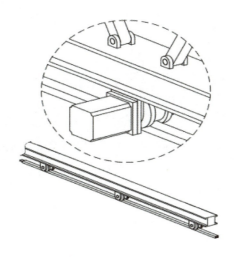

图 13-5　液压自动行走系统图

（4）控制系统：操作工人通过遥控方式控制液压模板系统的行走和每节模板液压杆的伸缩。

（5）门架强度。

以常州青洋路快速化工程QYLKSH-2020-SG 1标项目情况为计算依据。

①永久荷载工况：1.2×结构自重（含模板荷载）。

②施工荷载工况：1.4×人员荷载。

计算模型如图13-6所示。

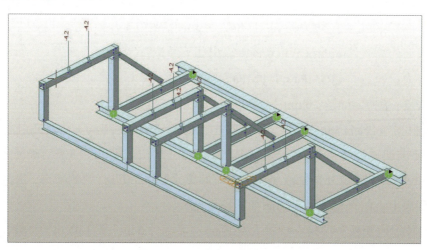

图 13-6　计算模型图（单位：kN）

拉压应力、位移分别如图13-7、图13-8所示。

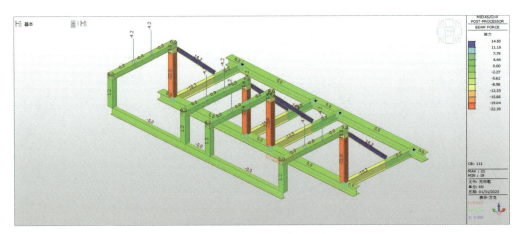

图 13-7 拉压应力图（单位：kN）

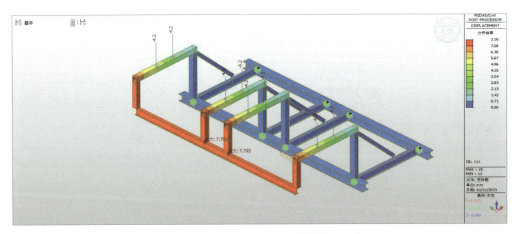

图 13-8 位移图（荷载单位：kN；位移单位：mm）

由有限元计算软件midas Civil复核，得出如下结论：

组合应力：σ_{max}=14.05MPa＜190MPa，符合要求。

最大挠度：f=7.8mm＜20mm（8000mm/400），符合要求。

（6）根据《公路桥涵施工技术规范》（JTG/T 3650—2020）中施工挂篮抗倾覆系数≥2.0的要求和《高处作业吊篮》（GB/T 19155—2017）中6.5.5.3条明确配重悬挂架稳定系数＞3的要求，确定外护栏液压模板的抗倾覆系数≥3.0进行内侧配重，并固定于护栏液压模板底座上，门架稳定性受力图如图13-9所示。

以32m长护栏模板（混凝土护栏上宽20cm、下宽52.5cm、高130cm）计算，相关参数见表13-1。

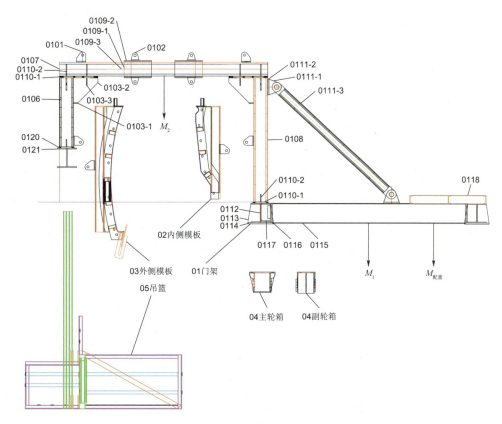

图 13-9 门架稳定性受力图

力学参数表 表 13-1

平衡力矩行走机构质量（kg）		1268	
内侧模板质量（kg）		4918	
外侧模板质量（kg）		8392	
施工吊篮质量（kg）		444	
施工模式	平衡力矩 M_1（N·m）	主动力矩 M_2（N·m）	每米配重（kg）
不计分项系数			
先安内模形成支撑	634	12303	391
浇混凝土	634	26327	844
拆模	0	22336	872

注：因为施工吊篮总长只有4m，力矩平衡计算是按32m长护栏进行的，故吊篮作用力矩按8倍系数代入。

取875kg/m钢配重拆模时最不利抗倾覆安全系数 $i=(M_1+M_{配重})/M_2=3.01>3.0$，符合要求。

4.1.2 新构件的安装、使用和拆除

（1）模板安装。

根据护栏边口线定位护栏模板位置，确保足够875kg/m钢配重固定的情况下，通过液压油顶将模板安装到位。模板合龙采用遥控方式控制整体同步动作实施，同时以遥控方式进行单独节段调节。通过上部提吊撑杆进行模板高度微调，上部设置平移油缸进行水平方向微调，使用下部斜撑油缸进行模板定位，通过斜、竖液压杆和铅锤控制模板垂直度。液压杆采用管材包裹，防止使用过程中被污染。护栏下口预留10mm间隙，用于桥面铺装平整度高差微调。模板通过节段间微调进行平曲线调节。上部采用对拉螺杆固定，下部采用液压杆支撑固定，保证在浇筑状态下模板整体稳固牢靠。模板底部采用10mm宽橡胶条止浆。配重系统根据实际模板重量进行计算调整，安装配重块时需固定。

（2）模板行走。

待混凝土满足拆模条件后，操作液压杆使模板脱离混凝土表面；外护栏外侧先拆除底口滴水檐托板，外侧模通过横竖液压杆外让、下沉、外移，完成脱模。外模板向外移动至紧贴施工平台位置，施工人员通过施工平台对外模板进行清理。模板整体脱模后，沿行走轨道，遥控行走至下一模中护栏位置，进行下一模护栏施工。中护栏液压模板如图13-10所示，边护栏液压模板如图13-11所示。

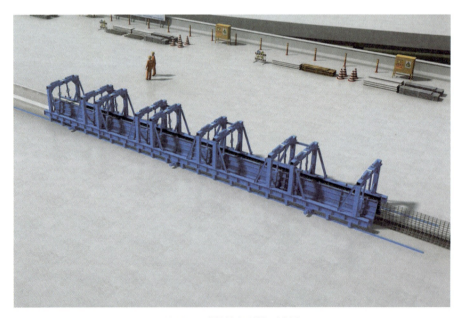

图13-10　中护栏液压模板示意图

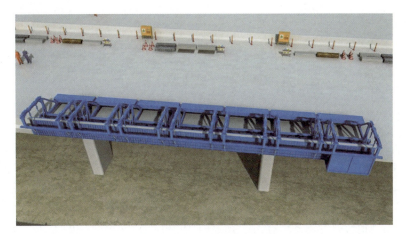

图 13-11 边护栏液压模板示意图

4.1.3 创新构件的验收标准

（1）边护栏液压模板配重需满足抗倾覆要求。

（2）内外模板垂直度需满足设计规范要求。

（3）首次安装完成后，需检测螺栓扭矩值，需满足要求。

4.2 操作要点

（1）行走轨道布设前应在桥面划线标记，并保证桥面清洁平整。

（2）模板安装在控制整体线形的同时，不能忽视对护栏钢筋保护层的控制。

（3）模板就位前应在桥面划出护栏边线；模板下口设置密封胶条，防止漏浆。

（4）外护栏液压模板的悬空作业平台上严禁堆放重物和各种建筑材料。

（5）拆模前必须确保混凝土强度已达到要求，拆模过程中操作人员需控制提调杆和斜杆的液压速度，注意对混凝土成品的保护。

5 应用实例

5.1 应用实例

液压模板已在常州青洋路快速化工程QYLKSH-2020-SG 1标、京沪高速公路沂淮淮江段扩建工程、312国道无锡飞凤路至金城东路改扩建工程XW11标项目上进行了使用，效果良好。应用实例如图13-12、图13-13所示，护栏成品如图13-14所示。

图 13-12　中分带护栏液压模板应用

图 13-13　外侧防撞墙护栏液压模板应用

图 13-14　护栏成品

5.2 应用价值

（1）减少了作业人员投入，成本降低，且机械化施工效率提高。

（2）规避了传统护栏施工工艺中模板频繁安拆的起重吊装作业，高空作业全部实现平台化，防护设施齐全，极大地降低了安全风险。

（3）模板只需一次拼装成型，保证护栏线形顺直，减少错缝，液压臂与可编程逻辑控制器（PLC）系统的应用，确保护栏高程，施工质量得到提高。

6 创新证明

本案例所涉及的装置已获得发明专利授权，专利号为ZL 2021 1 1389215.3，发明专利证书如图13-15所示。

图13-15 发明专利证书

案例 14

可折叠式吊篮

张德军[1] 赵幸福[2] 吴烈文[3] 董 飞[2]

（1. 苏州交投建设管理有限公司项目管理五部；2. 中铁四局集团有限公司；3. 苏交安江苏安全技术咨询有限公司）

1 概述

针对组合式箱梁横隔板施工作业空间较小、人员悬空操作、立足点不稳固、没有配套的上下通道、工点变换频繁的不足，项目设计了可折叠式箱梁横隔板施工吊篮，消除了传统吊篮重量大、体积大、外形尺寸固定、需要从地面起吊、受梁下条件限制等缺点，增设了制动撑，限制了吊篮的晃动，为横隔板标准化施工提供了有效的安全保证。

2 安全技术原理及特点

2.1 工作原理

可折叠式吊篮模型如图14-1所示。

（1）后框架主体采用32mm×20mm、壁厚1mm的304不锈钢方管制作，竖向固定杆采用60mm×40mm的方管制作，最下方横杆为限位杆，展开后的角度不超过90°。中间横杆为护栏的下杆，最上方两道横杆为护栏的上杆，有固定伸缩爬梯的作用。竖向杆为固定爬梯，通过与活动爬梯的螺栓孔的连接，可以调节作业平台的高度。

（2）前框架也采用32mm×20mm、壁厚1mm的304不锈钢方管制作，主要的作用是提供安全防护栏杆。

(3)作业平台尺寸为1100mm×500mm,底部框架采用32mm×20mm、壁厚1mm的304不锈钢方管制作,中间横杆间距为500mm,上部为3mm带孔洞的不锈钢钢板,孔径为10mm,相对于传统的镀锌钢板和花纹钢板,有效地降低了重量,同时起到防滑和排水的作用。

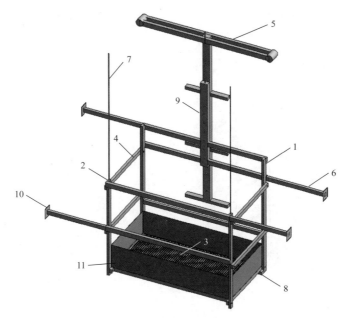

图14-1 可折叠式吊篮模型图

1-后框架;2-前框架;3-作业平台;4-传动杆;5-伸缩爬梯;6-横向加长杆;7-钢丝绳;8-限位;9-调节螺栓;10-防滑橡胶垫;11-挡脚板(吊篮展开后安装)

(4)传动杆主要的作用是连接前后框架,通过螺栓连接,可沿螺杆为转动轴进行折叠,同时起到防护栏杆的作用。

(5)伸缩爬梯活动杆采用60mm×40mm的方管制作,高1500mm,爬梯的踏步板焊接在活动杆上,间距为500mm,活动杆通过螺栓孔与后框架的固定杆连接,螺栓孔的间距为80mm,共11档,调节范围为0~880mm。活动杆顶部为支撑杆,支撑杆两端搭设在箱梁上,两端设置有套管,使用前插入钢筋,防止使用过程中平面发生转动。

(6)前后框架的横向加长杆设置为抽拉型套管,端部设有防滑橡胶垫,当吊篮安装完成后将横向加长杆抽出,抵在箱梁的侧壁上,然后再将螺栓锁死,操作平台更加稳固,不易晃动。

(7)在施工过程中,由于限位杆还需要起到承重作用,使得作业平台的悬挑长度过大,存在向下倾覆的风险,因此,在前框架的护栏上增加两根钢丝绳作为保险绳,在后框架的竖向固定杆上增加一根钢丝绳,共3根钢丝绳。通过设置多个吊点,降低了平台向下倾斜的风险。

(8)在既有道路上方施工时,采用高度为18cm的折叠挡脚板,操作平台安装到位后,及时安装挡脚板。

(9)作业完成后,操作人员先撤至桥面上,拉前端两根钢丝绳即可完成使操作平台旋转,完成折叠。再将长边旋转至与湿接缝的平行位置,由两人提至桥面上。收篮折叠示意图如图14-2所示,收篮折叠现场实物图如图14-3所示。

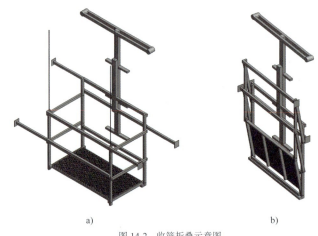

图 14-2 收篮折叠示意图

图 14-3 收篮折叠现场实物图

2.2 关键技术

(1)实现吊篮快速折叠,在桥面上即可完成吊篮安装和使用,地面上无须他人配合，不借助工具即可搬运吊篮。

（2）吊篮采用伸缩式爬梯，以便在不同高度位置进行施工。

（3）吊篮两侧设置的伸缩加长撑杆有效提高了作业平台的稳定性。

（4）结构验算。

①主要材料。

主要材料为304不锈钢，参数如下：

钢材采用Q235钢，抗拉、抗压、抗弯强度设计值$f=215\text{MPa}$，抗剪强度设计值$f_v=125\text{MPa}$，弹性模量$E=2.1\times10^5\text{MPa}$。

②设计荷载。

A.自重：

$G=3.26\times10=32.6$（N）

B.人机荷载：

$q=3.2\text{ kN/m}^2$

吊篮底面积1100mm×500mm，高处作业吊篮中单吊点最小额定荷载是1200N，相当于2140N/m^2，本基准荷载增加了600N小型机械荷载。

C.荷载组合及施工阶段：

吊篮按恒载考虑，组合系数为1.2。施工荷载按活载考虑，组合系数为1.4。

（5）计算结果。

①根据建立的空间有限元模型进行计算，吊篮有限元计算模型如图14-4所示。

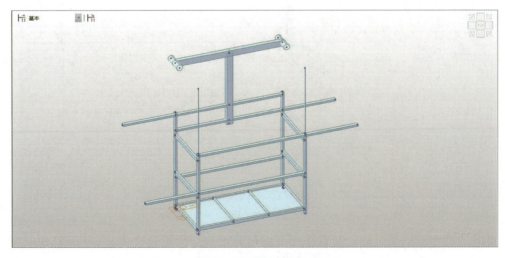

图14-4 吊篮有限元计算模型

②根据建立的空间有限元模型进行计算，吊篮抗剪强度计算结果如图14-5所示。

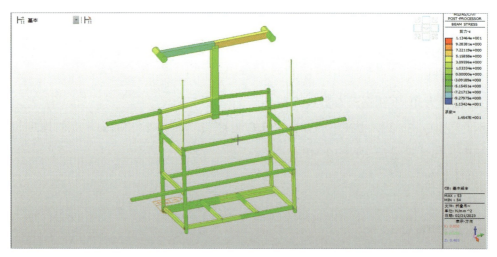

图14-5 吊篮抗剪强度计算结果截图（单位：MPa）

根据剪应力计算结果可知，在吊篮上出现最大剪应力 $\tau = 11.3\text{MPa} < f_{vd} = 125\text{MPa}$，则吊篮抗剪强度满足施工使用要求。

③根据建立的空间有限元模型进行计算，其荷载作用下吊篮组合应力计算如图14-6所示。

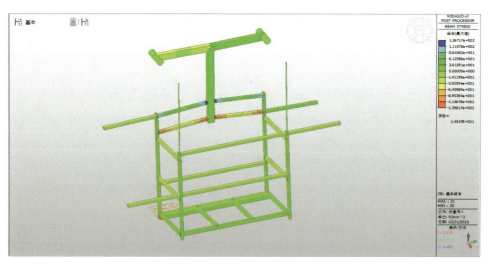

图14-6 吊篮组合应力结果截图（单位：MPa）

根据吊篮计算结果可知，荷载作用下在吊篮出现最大组合应力 $\sigma = 139.8\text{MPa}$。Q235钢的抗拉、抗压、抗弯强度设计值 $f_d = 215\text{MPa}$。$\sigma = 139.8\text{MPa} < f_d = 215\text{MPa}$，则吊篮强度

满足施工使用要求。

④根据建立的空间有限元模型进行计算,其荷载作用下吊篮变形如图14-7所示。

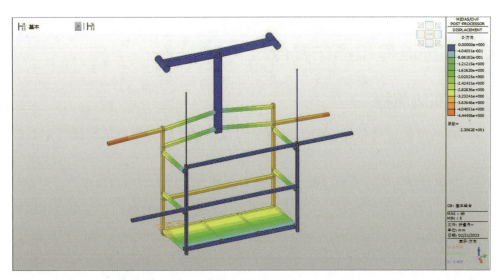

图 14-7 吊篮变形截图（单位：mm）

根据吊篮变形计算结果可知,在吊篮中部有最大变形f=4.4mm＜2052/400=5.1（mm）,吊篮变形量满足施工使用要求。

综合以上计算得知,此吊篮方案能满足施工受力要求,施工中应注意做好安全防护工作,平台堆载须均匀。

2.3 创新点和解决的主要问题

（1）创新点：吊篮主构件采用不锈钢方管,其重量轻,且可进行折叠；桥面上仅需两人即可使用吊篮；能通过湿接缝钢筋的间隙将吊篮放下,相对于传统的吊篮施工,可节省一个人工,地面不需要再有人配合,不受地面条件限制。吊篮两侧的伸缩杆可固定在两侧的箱梁上,提高了吊篮的稳定性,不易发生晃动。吊篮高度可通过可调节杆进行调整,提高了对施工环境的适应能力。

（2）解决的问题：解决了箱梁横隔板施工吊篮重量大、安放不方便、作业过程不稳固、结构不牢固、施工环境适应能力差等问题,保证了工程质量和施工安全。

（3）效益分析：减少了横隔板施工人工安装和倒运的成本和时间,提高了模板的周转效率,并且施工安全得到有效保障。

3 适用范围

可折叠式吊篮适用于带有横隔板的预制梁的公路、市政桥梁项目。

4 实施流程和操作要点

4.1 实施流程

(1) 使用前先折叠吊篮，搬运至指定位置，缓慢地将吊篮从湿接缝钢筋缝隙中放下。

(2) 将吊篮沿水平方向转动90°，支撑杆两侧担在两边的预制箱梁上，在套管中插入钢管并插入木楔，防止滑动、吊篮平面转动，并将3根钢丝绳挂在湿接缝预埋钢筋箍上，如图14-8所示。

a)

b)

图14-8 可折叠式吊篮顶部稳固照片

(3) 人员下到操作平台后将两侧的加长杆打开，支撑在箱梁的侧壁上，同时锁死螺栓，作业人员挂好安全带后即可施工。

4.2 操作要点

吊篮折叠下放后需旋转90°后再打开至工作状态；下放并展开后需将可伸缩加长杆撑开至两侧箱梁腹板并使螺栓固定牢固；人员下到吊篮前需将3根安全钢丝绳挂在湿接缝钢筋上。可折叠式吊篮使用照片如图14-9所示。

图 14-9　可折叠式吊篮使用照片

5　关键技术控制要点

可折叠式吊篮包括作业平台、伸缩爬梯、支撑杆、传动杆、护栏、横向加长杆、转动轴、限位杆，作业平台根据施工作业空间及作业人员进行尺寸设置，且作业平台的后方爬梯也需根据箱梁高度进行设计；爬梯顶部支撑杆需搭在预制箱梁翼缘板上，其长度较湿接缝宽度宽约20cm；安全钢丝绳通过不锈钢杆件内从作业平台下托底，然后挂至湿接缝钢筋，确保安全。

6　应用实例和应用价值

可折叠式吊篮已在中铁四局集团有限公司苏台高速公路七都至桃源段ST-QL3标项目横隔板施工中全面采用。采用该吊篮作业，平均每联钢筋模板安装时间由原来的4d变为2d，且不再需要吊装设备，大大地降低了横隔板施工的成本，减少施工时间，提高了模板周转效率，施工安全得到有效保障。

7　创新证明

本案例所涉及的装置已申请专利，并得到受理，专利申请号为202320087298.9。专利申请受理通知书如图14-10所示。

国家知识产权局

215163

江苏省苏州市高新区科发路 101 号致远商务大厦 508 室 苏州大成君合知识产权代理事务所（普通合伙）
张印铎(18018121864)

发文日：2023 年 01 月 30 日

申请号：202320087298.9　　发文序号：2023013000317410

专利申请受理通知书

根据专利法第 28 条及其实施细则第 38 条、第 39 条的规定，申请人提出的专利申请已由国家知识产权局受理。现将确定的申请号、申请日等信息通知如下：

申请号：2023200872989
申请日：2023 年 01 月 30 日
申请人：中铁四局集团第二工程有限公司,中铁四局集团有限公司
发明人：屈小军,宋瑞杰,赵幸福,逯锦伟,董飞,凌明昊,陈锟,黄超
发明创造名称：一种可折叠式箱梁横隔板施工吊篮
经核实，国家知识产权局确认收到文件如下：
权利要求书 1 份 1 页,权利要求项数： 10 项
说明书 1 份 5 页
说明书附图 1 份 1 页
说明书摘要 1 份 1 页
摘要附图 1 份 1 页
专利代理委托书 1 份 2 页
实用新型专利请求书 1 份 5 页
申请方案卷号：ZTSJ23CN001U

提示：
1.申请人收到专利申请受理通知书之后，认为其记载的内容与申请人所提交的相应内容不一致时，可以向国家知识产权局请求更正。
2.申请人收到专利申请受理通知书之后，再向国家知识产权局办理各种手续时，均应当准确、清晰地写明申请号。

审查员：自动受理　　　审查部门：初审及流程管理部
联系电话：010-62356655

200101　纸件申请，回函请寄：100088 北京市海淀区蓟门桥西土城路 6 号 国家知识产权局专利局受理处收
2022.10　电子申请，应当通过专利业务办理系统以电子文件形式提交相关文件。除另有规定外，以纸件等其他形式提交的文件视为未提交。

图 14-10　专利申请受理通知书

案例 15

折叠式外挂操作平台

陈菊芳[1]　叶　磬[1]　王　萌[2]　颉建喜[2]

（1. 苏州市吴江区交通工程建设处；2. 中交一公局第五工程有限公司）

1　概述

目前，桥梁墩柱施工常采用承插式盘扣支架组合拼装成外侧防护架，采用木制跳板或木方搭建内操作平台，木料与支架无定型锁紧、支撑结构，工作面不平整，易产生空头跳板，存在难以消除的安全隐患，且钢筋骨架和模板外侧与支架内空隙大小不一致，平台需要重复搭拆，工效较低。针对以上问题，研发出与盘扣支架配套的靠柱部位折叠式外挂操作平台，较好地解决了这一工程难题。"折叠式支架操作平台"已获得国家知识产权局授权的实用新型专利。该操作平台制作方便、挂靠平稳、安拆快捷；与各种间距的盘扣支架、各种类型的墩柱支架均可配套使用。

2　原理和特点

2.1　工作原理

折叠式外挂操作平台是一种与盘扣支架配套的结构，由挂设在承插式盘扣钢管支架上的镀锌弯钩、斜拉吊索和钢板网组成。主梁采用30mm×50mm×1.5mm镀锌方管，次梁1采用30mm×50mm×1.5mm镀锌方管，次梁2采用20mm×40mm×1.5mm镀锌方管，面板踏板由36×60孔镀锌钢板网制作，斜拉吊索由1617mm长的ϕ10镀锌钢丝绳构成。

使用时，斜拉吊索与盘扣支架横杆连接位置采用3t镀锌高强度卸扣套挂连接，斜拉吊索与操作平台连接位置采用1t镀锌卸扣固定（钢丝绳可采用编制法或挤压连接法，制作为钢丝绳圈，卸扣穿接），操作平台与支架横杆连接位置采用镀锌弯钩固定。斜拉吊索可通过调整长度调节操作平台角度，当用于工人施工通行时，操作平台处于水平位置；当安装墩柱模板时，通过调整斜拉吊索长度，使操作平台立起，释放模板安装的操作空间。折叠式外挂操作平台如图15-1～图15-3所示。

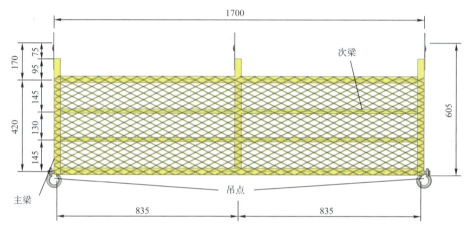

图15-1 折叠式外挂操作平台主体结构平面图（尺寸单位：mm）

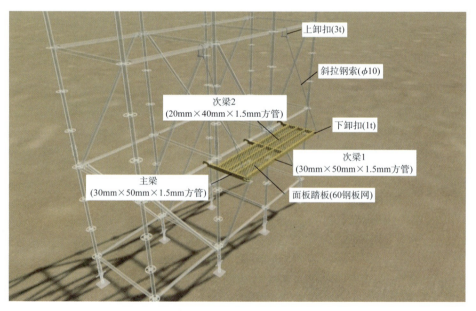

图15-2 折叠式外挂操作平台三维示意图

图 15-3　折叠式外挂操作平台与支架横杆连接位置示意图（焊缝）

2.2　安全特点

在墩柱施工时，折叠式外挂操作平台悬挂于支架内侧，满铺钢筋骨架或模板与支架间的空隙，防止高处坠落事故，满足施工人员安全施工和通行的需求，同时又能在模板安装时通过调整踏板角度，释放模板下放空间，避免了踏板重复拆卸安装的烦琐工序，提高工人工作效率，相比于普通木制跳板，具有结构简单易操作、安全性高、承载力大、拆卸方便等优点。

3　创新点和适用范围

3.1　创新点

创新点：折叠式外挂操作平台可用于墩柱钢筋绑扎和模板安装，避免重复拆卸工作，提高施工效率；且整体结构配套性强、稳定性好，安装简便，所有部件结构具有较高的安全系数，可重复周转使用。

解决的主要问题：目前墩柱施工过程中大多采用盘扣式支架组合拼装成外防护架，因需要在防护架至墩柱施工作业面之间留出钢筋、模板吊装空间，所以存在较大的可变空隙，常规采用木制跳板或木方作为操作平台，木料与支架无定型锁紧装置、底部支撑结构，铺设工作面不平整，易产生空头跳板现象，存在难以消除的安全隐患，且钢筋绑扎与模板安装所需要的操作空间不同，需对操作平台重复进行搭拆，降低工作效率。而使用折叠式外挂操作平台，可通过调整斜拉吊索长度使操作平台在水平和竖直两种状态中转换，避免了踏板重复拆卸安装的烦琐工序，提高工作效率；且镀锌钢制部件耐腐蚀、结构强度高、承载力大、组合便捷、安全性高。

3.2 适用范围

折叠式外挂操作平台适用于承插型盘扣式脚手架内侧靠柱部位悬挑操作平台，用于各种工程脚手架悬挑施工作业，包括墩柱钢筋绑扎、模板合模、装修工程中的侧面腻子、涂料、龙骨和幕墙等施工。承插式盘扣支架验算时必须加入悬挑操作平台作用力。

4 实施流程和操作要点

4.1 实施流程

4.1.1 创新构件的制作

折叠式外挂操作平台设计的主要结构构造如下：

有效尺寸（即荷载面）：宽度1.7m，悬挑长度为0.605m。

操作平台主要用于钢筋工和模板工进行操作作业，考虑荷载为人群荷载，取3.5kN/m^2，平台最大载荷对应人数为2人，最大质量不得超过200kg。

支架操作平台的两侧及侧梁1采用□30mm×50mm×1.5mm方管，两主梁间设置两根□20mm×40mm×1.5mm方管为平台次梁，次梁上铺设36×60孔钢板网。

折叠式外挂操作平台结构如图15-4所示。

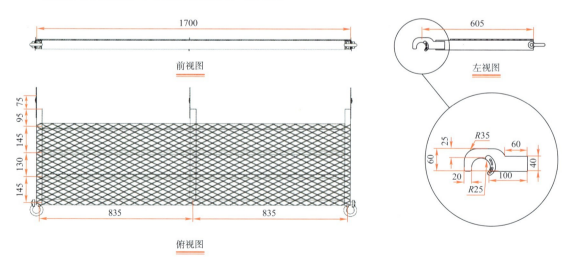

图15-4 折叠式外挂操作平台结构示意图（尺寸单位：mm）

(1)荷载计算。

折叠式外挂操作平台由Q235钢管框架、钢板网、镀锌弯钩、斜拉式钢丝绳组成。主梁加工材质为30mm×50mm×1.5mm镀锌方管,横向布置3道,主梁中心间距835mm,次梁2加工材质为20mm×40mm×1.5mm镀锌方管,纵向布置两道,中心间距130mm,次梁1加工材质为30mm×50mm×1.5mm镀锌方管,纵向布置于次梁2外侧,与次梁2的距离为2145mm。以上杆件通过焊接形成平台骨架。骨架上表面焊接踏板,踏板选用36×60孔钢板网。平台骨架一端通过镀锌弯钩悬挂于支架横杆上,弯钩结构为带保险片弯钩结构,可防止弯钩与支架横梁之间产生松动,保证结构稳定性;平台骨架另一端两侧通过长度为1617mm的ϕ10钢丝绳作为斜拉吊索将悬挑端与盘扣支架下一步距(向上1.5m)处的横杆连接。斜拉吊索与支架横杆连接位置采用3t镀锌高强度卸扣,斜拉吊索与操作平台连接位置采用1t镀锌卸扣。折叠式外挂操作平台强度验算如下:

①操作平台的自重:

单根主梁自重=0.52×1.81×9.8÷1000=0.0092(kN)。

单个卸扣(承重1t)=0.14×9.8÷1000=0.0014(kN)。

两根次梁1自重=1.67×1.81×9.8÷1000×2=0.059(kN),作用在单根主梁上的荷载(按照均布荷载考虑)=0.059kN÷2=0.0295kN。

两根次梁2自重=1.67×1.34×9.8÷1000×2=0.044(kN),作用在单根主梁上的荷载(按照均布荷载考虑)=0.044kN÷2=0.022kN。

面板踏板厚2mm,网孔大小为30mm×60mm,钢板网自重为4.42kg/m^2,因此总重=0.45×1.7×4.42×9.8÷1000=0.033(kN),故作用在一根次梁上的荷载=0.033÷4=0.00825(kN)。

故次梁上的线性均布荷载$q_{次梁}$=0.00825/1.67+(1.67×1.58×9.8/1000)/1.67=0.021(kN/m)。

次梁传递给主梁的恒荷载:0.033÷2+0.0295+0.022=0.068(kN)。

故主梁上的线均布荷载q_1=(0.068+0.0014)/0.52=0.134(kN/m)。

②操作平台设计荷载:人群荷载3.5kN/m^2。

(2)荷载分析。

将操作平台的自重视为恒载且均匀分布在平台上,当人群荷载作用在操作平台时,该平台处于最危险状态,是计算的重点。将作用在操作平台的人群荷载设为均布荷载,按简支梁进行受力计算,则作用在操作平台的线性均布荷载为q_2=q_1+3.5×1.7/2=

0.134+2.975 =3.109（kN/m），均布荷载如图15-5所示。

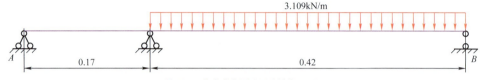

图15-5 均布荷载图（尺寸单位：m）

①求A点、B点的支座反力。

$$R_A = \frac{qb^2}{2l} = \frac{3.109 \times 0.42^2}{2 \times 0.59} = 0.47 \text{（kN）}。$$

$$R_B = \frac{qb}{2}\left(2 - \frac{b}{l}\right) = \frac{3.109 \times 0.42}{2} \times \left(2 - \frac{0.42}{0.59}\right) = 0.84 \text{（kN）}。$$

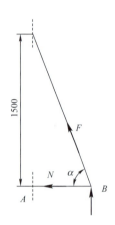

图15-6 钢丝绳计算简图
（尺寸单位：mm）

②求钢丝绳所受的拉力F。

当搭设该操作平台时，钢丝绳上端采用卸扣挂接到上步距1.5m处横杆位置处，如图15-6所示，则：

$$\sin\alpha = \frac{1.5}{\sqrt{(1.5^2 + 0.59^2)}} = 0.931$$

因此钢丝绳受到的拉力为：

$$F = \frac{R_A}{\sin\alpha} = \frac{0.47}{0.931} = 0.504 \text{（kN）} = 504\text{N}$$

③求主梁方管所受轴心力N。

根据受力分析，得 $\cot\alpha = \frac{N}{R_A}$，则：

$$N = R_A \cdot \cot\alpha = 0.47 \times \frac{0.59}{1.5} = 0.185 \text{（kN）} = 185\text{N}$$

如图15-7所示，不计防滑脱活动保险片作用，在横管下半圆有10×4mm盘扣脚手架踏板卡钩支撑，抗压强度为215×10×4=8600（N）>>185N。

④求主梁方管所受最大弯矩M。

当距离A端为0.32m时有最大弯矩值，主梁弯矩计算如图15-8所示。

弯矩最大值为 M_{max} =0.113kN·m。

（3）验算钢丝绳及主、次梁方管的受力。

①钢丝绳拉力验算。

根据国家行业标准《建筑施工高处作业安全技术规范》（JGJ 80—2016）规定钢丝绳的安全系数[K]，即：

$$[K] \geqslant \frac{F_a}{F} = 10 \tag{15-1}$$

式中：[K]——钢丝绳的安全系数，定为10；
　　　F_a——钢丝绳的破断拉力；
　　　F——钢丝绳受到的拉力（N）。

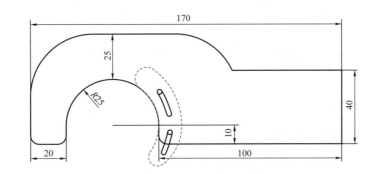

图15-7　横管卡钩防脱支撑细部图（单位：mm）

图15-8　主梁弯矩计算图（单位：kN·m）

查相关资料，选用抗拉强度1700N/mm²、直径10.5mm的1×7钢丝绳，其截面面积S为67.31mm²，破断拉力F≥114426N=114.426kN。

钢丝绳的允许拉力为：

$$[F_a] = \frac{aF_a}{K} \tag{15-2}$$

式中：a——换算系数，取0.3；
　　　F_a——钢丝绳的钢丝破断拉力总和（kN）；
　　　K——钢丝绳的安全系数，法定安全系数为10。

故1×7-10.5的钢丝绳允许拉力为：

$$[F_a] = \frac{aF_a}{K} = \frac{0.3 \times 114.426}{10} = 3.43（kN）> F = 0.504 kN$$

故选用1×7-10.5的钢丝绳是安全的。

②主梁30mm×50mm×1.5mm方管强度验算。

该构件属拉弯破坏构件，承受静力荷载，故只做强度验算。

利用以下公式进行验算：

$$\frac{N}{A_n} + \frac{M_x}{\gamma_x W_{nx}} + \frac{M_y}{\gamma_y W_{ny}} \leqslant f_d \tag{15-3}$$

式中：N——轴心拉力；

A_n——净截面面积；

M_x、M_y——作用在x、y两个平面内的计算弯矩；

γ_x、γ_y——截面在x、y两个主平面内的截面塑性发展系数；

W_{nx}、W_{ny}——对x轴、y轴的净截面抵抗矩。

A.求N。

由前面计算得知：$N=185$N

B.求A_n、W_{nx}、W_{ny}。

由截面特性计算器求得：$A_n=231\text{mm}^2$，$W_{nx}=3160\text{mm}^3$，$W_{ny}=2360\text{mm}^3$。主梁截面特性值如图15-9所示。

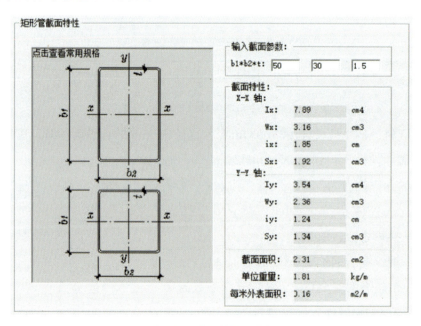

图15-9　主梁截面特性值截图

将以上各值代入公式求得：

$$\frac{N}{A_n}+\frac{M_x}{\gamma_x W_{nx}}+\frac{M_y}{\gamma_y W_{ny}}=\frac{185}{231}+\frac{113000}{1\times3160}+\frac{0}{1\times2360}=36.57\text{（N/mm}^2\text{）}$$

查询相关资料，并经验算比较，可知：

Q235钢$f_d=215\text{N/mm}^2>36.57\text{N/mm}^2$，故强度达到要求，主梁采用30mm×50mm×1.5mm方管是安全的。

③次梁20mm×40mm×1.5mm方管强度验算：

次梁承受荷载$q_{次}$，平台共有4根次梁承受荷载，且为面均布荷载，因此中间次梁承受荷载最大，故以中间次梁为计算重点计算。

中间一根次梁所承受荷载为：

$$q_{次}=3.5 \times 0.45 \div 3+1.34 \times 9.8 \div 1000=0.54（kN/m）$$

④次梁弯矩（按简支梁计算）。

最大弯矩值为：

$$M_{max}=\frac{ql^2}{8}=\frac{0.54 \times 0.835^2}{8}=0.047（kN \cdot m）$$

⑤强度计算。

根据强度公式：

$$\frac{M_x}{\gamma_x W_{nx}}+\frac{M_y}{\gamma_y W_{ny}} \leqslant f \tag{15-4}$$

$$\frac{M_x}{\gamma_x W_{nx}}+\frac{M_y}{\gamma_y W_{ny}}=\frac{47000}{1 \times 1750}=26.86（N/mm^2）<215N/mm^2$$

强度达到要求，次梁采用20mm×40mm×1.5mm方管是安全的。

⑥顶部横杆强度验算。

顶部拉索位于顶部横杆最不利位置（即横杆跨中位置），盘扣支架横杆为$\phi 48.3 \times 2.5mm$钢管，材质为Q235钢材，受力分析按照1.2m梁长的简支梁考虑，受力简图、弯矩图、剪力图分别如图15-10~图15-12所示。

经计算：

最大弯曲应力σ_{max}=13.5MPa≤215MPa。

最大抗剪强度τ_{max}=0.045MPa≤125MPa。

顶部横杆强度满足要求。

通过以上计算验证，折叠式外挂操作平台的结构设计是安全的，也是符合有关规范要求的。

图15-10 顶部横杆受力简图

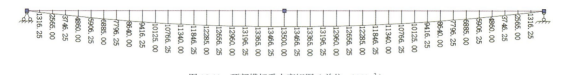

图 15-11 顶部横杆受力弯矩图（单位：kN/m²）

图 15-12 顶部横杆受力剪力图（单位：kN/m²）

4.1.2 创新构件的安装、使用和拆除

折叠式外挂操作平台实施流程如图15-13所示。

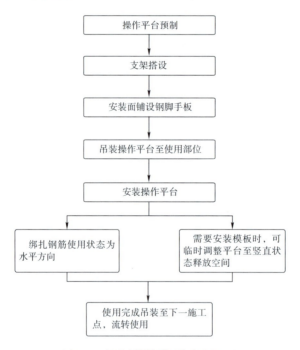

图 15-13 折叠式外挂操作平台实施流程图

4.1.3 创新构件的验收标准

（1）制作前需对原材进行外观检查与力学试验，确保规格尺寸及力学性能符合要求。

（2）安装前需对操作平台构件进行检查，检查项包括但不限于：

①钢丝绳是否出现断股、断丝；

②卸扣磨损程度是否超过安全界限；

③操作平台受力构件是否有弯折、断裂、脱焊现象。

（3）安装后需检查：

①卸扣是否锁死；

②操作平台是否呈水平放置；

③斜拉钢丝绳是否处于正确受力姿态；

④操作平台与支架连接弯钩保险片是否锁死；

⑤平台与钢筋骨架或模板的间隙是否大于15cm，是否有未覆盖的孔洞。

4.2 操作要点

（1）操作平台统一由加工厂预制加工完成后运至施工现场，由起重机辅助工人进行安装工作。

（2）将操作平台吊至安装高度后，由工人将镀锌弯钩安在支架横梁上，通过带保险片弯钩结构使操作平台与支架横杆稳固连接。

（3）将操作平台另一端的斜拉吊索与上部支架横梁连接，斜拉吊索上部通过卸扣安装在盘扣支架下一步距（向上1.5m）处的横杆上（可增设一道横杆）。

（4）当进行墩柱钢筋绑扎施工时，操作平台处于水平状态，供施工人员通行；当进行模板安装时，将斜拉绳索收缩，使操作平台向上抬起，处于竖直状态，与支架平行，为模板安装释放空间。

（5）全部施工完成后，将操作平台清理、拆卸，用于其他墩柱施工，做到资源重复利用。

5 应用实例

折叠式外挂操作平台应用于605省道吴江同里至黎里段改扩建工程项目S605-SG02标墩体支架操作平台；盘扣式脚手架验算时考虑操作平台钢丝绳吊点处于横杆中部最不利受力情形，对操作平台作不同位置集中荷载试验合格后，操作平台方可用于工程施工。

该操作平台安装采用一侧为镀锌弯钩（弯钩结构为带保险片弯钩结构，为盘扣脚手架踏板标准卡钩）搭设在盘扣支架横杆上，另一侧为固定于平台的卸扣由斜拉吊索与可移动端卸扣连接，可移动端卸扣固定于支架下一步距（向上1.5m）的横杆上。折叠式外挂操作平台使用效果及现场实际使用照片分别如图15-14、图15-15所示。

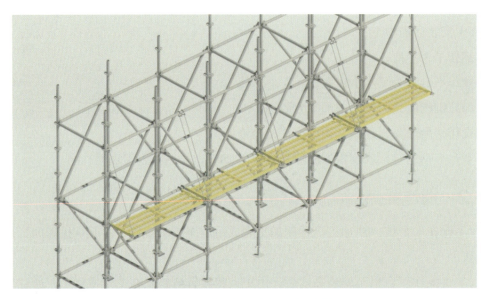

图 15-14　折叠式外挂操作平台使用效果图

注：盘扣支架搭设间距尽量选择与外挂操作平台跨度模数一致的60cm、90cm，上挂点接近横杆节点。

图 15-15　折叠式外挂操作平台现场实际使用照片

6　创新证明

本案例所涉及的装置已获得实用新型专利授权，专利号为ZL2020 2 2704314.3，实用新型专利证书如图15-16所示。

图 15-16　实用新型专利证书

案例 16

钢箱梁顶推监测预警装置

范 鹏[1] 王建华[2] 宣纪刚[2] 陈小飞[2]

（1.盐城市盐阜快速路工程项目管理办公室；2.浙江交工集团股份有限公司）

1 概述

自21世纪以来，我国桥梁建设技术飞速发展，不同材料、不同结构、不同用途的桥梁层出不穷。为适应各种施工环境，相对应的桥梁施工工艺也在不断发展，其中顶推施工工艺得到广泛应用，并取得了许多突破性的技术成果，但同时也暴露出一些问题：随着桥梁跨径和设计高度的增加，顶推梁段的重量和支架高度对梁位监测、梁体的稳定性提出了更高的要求。

为确保钢箱梁顶推施工的安全性，204国道阜宁花园至亭湖新兴段工程（亭湖段）YFTH3标开展了钢箱梁顶推纵轴线偏移监测预警研究，制定了钢箱梁顶推施工轴线偏差一体式自动化监测方案，形成了预警技术指标成果；"一种连续钢箱梁斜交桥顶推工艺"已得到国家知识产权局的发明专利申请受理，其内容包含钢箱梁顶推施工轴线偏移智能预警装置与系统应用，适用于钢梁顶推施工轴线偏移的安全监测。

2 原理和特点

2.1 工作原理

钢箱梁顶推监测装置主要包括预警等级划分、钢箱梁轴线偏移实时监测和轴线偏移预警三个主要模块。

首先,借助有限元分析软件模拟钢箱梁顶推施工全过程,分析顶推过程中钢箱梁主体结构轴线偏移对钢箱梁主体结构、顶推支架受力的影响,并结合施工规范制定预警等级。

(1)红色等级:主梁即将发生横向倾覆和局部破坏,超过材料设计强度值10%或轴线偏差大于或等于120mm。

(2)橙色等级:钢箱梁结构应力即将超过材料设计强度值或轴线偏差大于或等于100mm。

(3)黄色等级:钢箱梁主体结构轴线偏差大于或等于60mm(中腹板脱离步履机支承范围)。

(4)蓝色等级:钢箱梁主体结构轴线偏移大于或等于30mm(取常规顶推误差均值)。

针对不同的预警等级,确定钢箱梁主体结构轴线的偏移阈值,并基于安全冗度考虑,对红色、橙色等级下的阈值进行10mm的缩减,提高钢箱梁顶推施工的安全性,钢箱梁顶推有限元模型如图16-1所示。

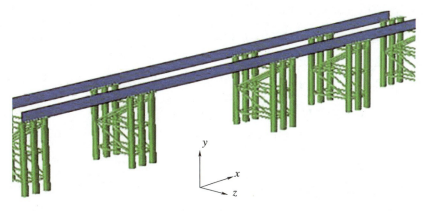

图 16-1 钢箱梁顶推有限元模型

其次,在钢箱梁底板轴线处沿纵桥向等间距安装带数据无线传输功能的红外线自发收无线测距仪(简称"红外线测距仪"),在顶推支架上安装与钢箱梁等长的红外线反射板,通过测距仪发射接收红外线信号测量钢箱梁顶推过程中主体轴线与反射板间的距离。红外线测距仪如图 16-2 所示。

最后,通过红外线测距仪无线传输功能将测量的实时数据传输到可视化数据处理设备中,设备根据接收到的数据绘制钢箱梁轴线位移的实时曲线图,并将其与预设的预警阈值进行比较分析，当位移值超过既定阈值后，设备会发出相应的警告提示。施工人员通过观察设备的警告信号做出相应的施工调整，进而实现钢箱梁顶推全过程的智能监测纠偏。

图 16-2　红外线测距仪

2.2　技术特点

（1）自动监测。

红外线测距仪布置在钢箱梁底板轴线位置处，红外线反射板布置在已架设顶推支架上，测距仪随钢箱梁的移动而移动，可实现钢箱梁顶推全过程的自动、实时轴线偏移测量。整个监测过程现场无须安排专业的监测工人，避免了人工监测带来的综合工效低、施工风险大等问题。

（2）精准监测。

红外线测距仪可以准确测量顶推过程中的钢箱梁轴线偏移情况，避免了人工监测过程中目测、估算、操作不当等带来的误差。

（3）智能评估。

红外线测距仪具有无线传输功能与可视化数据处理设备，在不中断顶推过程的条件下，能够及时发出预警信号，实现了监测数据的实时监测与智能评估预警，避免了人工监测评估的滞后性。

3　创新点和适用范围

3.1　创新点

钢箱梁轴线偏移会导致钢箱梁在顶推施工时存在局部受力问题，如主梁中轴线发生偏移，会导致临时支架受力不对称，从而存在沉降不均匀现象，会影响其稳定性。目前的钢箱梁顶推施工对轴线偏移的监测多采用全站仪和水平仪，这种需要人去目测的监测方法存在许多不可控因素，如目测误差、估算误差、操作误差等，使得监测结果可靠性降低，且无法实现监测的自动化，监测与预警无法实现即时性。

（1）创新点：钢箱梁顶推监测预警装置实现了钢箱梁顶推施工轴线偏移现场监测的可视化、自动化和智能化。

（2）解决问题：钢箱梁顶推监测预警装置可实现梁体轴线偏移的实时监测，且无须人员目测，避免了传统监测带来的视觉误差，并且具有自动识别报警功能，使得顶推施工监测全过程更加智能化，避免了轴线偏移使得顶推位置位于构件薄弱处而带来的局部破坏现象。

3.2 适用范围

钢箱梁顶推监测预警装置适用于钢梁顶推施工监测项目。

4 实施流程和操作要点

4.1 实施流程

4.1.1 创新构件的制作

钢箱梁顶推监测预警装置由红外线测距仪、红外线反射板与可视化数据处理设备组成。红外线测距仪基于同轴发射并接收激光的"共焦方式"和接收投光反射光的光路呈三角形的"三角测距方式"实现对距离的感知。该红外测距仪由调制光发射单元、接收单元、测相单元、计数显示单元、逻辑控制单元和电源变换器等部分组成。

红外线测距仪工作原理：由主控振荡器产生的调制信号频率f，经放大后加到砷化镓（GaAs）半导体发光二极管，当有电流正向通过GaAs二极管的P-N结时，P-N结里就会发射出波长为$0.72\,\mu m$、$0.94\,\mu m$的近红外光作为测距仪的光源，经电流调制出红外调制光，从发射光学系统射向镜站即红外线反射板的反光镜，经反射后，回光被接收光学系统所接收，接收调制光的红外光电探测转换器件为硅光敏二极管或雪崩式光敏二极管，当外来光照射到它的P-N结上时，光电能量转换的效应能在P-N两极产生一个电位差，其大小随入射光的强弱而变化，起到"退调制"的作用，经过光电转换，得到高频的测距信号；测距信号传输至处理终端，通过预设的程序完成对测量信号数据化并分析。

4.1.2 创新构件的安装、使用和拆除

钢箱梁顶推监测预警装置使用时需安装在钢箱梁底板，在顶推支架上焊接一条宽度适中且长度与钢箱梁一致的钢板（也可为其他材料）作为信号反射物体。装置通过程序控制电流通过发光二极管，发出红外线信号，经反射板反射回来，接收光学系统所接收到红外信号，并通过"退调制"经过光电转换，得到高频的测距信号，实时获取监测两者之间的距离；测量信号传输至终端后，可通过终端对测量数据进行分析，若监测数据发生改变则表示梁体轴线发生偏移，根据顶推施工轴线位移监测中的实时数据，通过数据处理软件绘制位移时程曲线图。此外，可在监测终端预设感知阈值，若实时监测数据超出该阈值，则发出警报。

4.2 操作要点

（1）建立顶推施工精细化模型，设定钢梁顶推施工中的各项参数值，结合数值模拟有限元获取各参数对钢箱梁位移的相关性，完成施工多参数与钢箱梁线性的耦合；在施工安全冗余度的基础上，获取相关轴线关键控制参数的阈值，为后续监测提供预警限值。

（2）在钢箱梁顶推施工前，将红外线位移传感效应器安装于钢箱梁底板下部，保证位移传感器与信号反射板在适合的高度和距离上，保证其不超出位移传感器的工作距离，以满足监测精度的需求。

（3）通过无线传输模块，建立位移传感器装置和监测系统的信号连接通道，测试并检查位移传感器装置和监测系统间信号连接的稳定性，在监测系统上设置轴线偏移预警值。

（4）钢箱梁顶推施工过程中，通过数据终端实时监测钢箱梁线形状态，并通过系统与人工同时检查实时位移与预设预警阈值的数值：当预警系统发出蓝色警告时，需对结构偏移进行关注和预防；当预警系统发出黄色警告时，及时进行钢箱梁的纠偏；当预警系统发出橙色警告时，需立即停止钢箱梁的顶推施工工作，在确保结构安全的前提下，进行结构偏移进行纠正，根据监测数据和现场情况对步履机进行调整；当预警系统发出红色警告时，需立即停止顶推，并立刻对钢箱梁进行保护，疏散现场人员，起重机入

场，对钢箱梁进行安全维护。

4.3 实施流程图

钢箱梁顶推监测预警装置实施流程如图16-3所示。

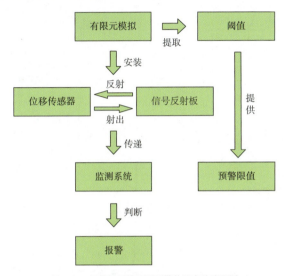

图16-3 钢箱梁顶推监测预警装置实施流程图

5 应用实例

本项监测技术的目的是提出一种一体式自动化钢箱梁顶推轴线监测系统，该监测系统主要由前期的有限元模拟和后期的监测组成。有限元模拟的主要内容是获得轴线偏移监测的阈值，为后期监测提供理论依据；后期监测的主要内容是设置监测点、设备安装和阈值设置。该技术已成功应用于204国道阜宁花园至亭湖新兴段工程（亭湖段）YFTH3标段项目中的钢箱梁顶推施工中，保证了桥梁顶推的顺利准确进行，有效提升了顶推施工的施工质量、安全性和稳定性，提高了施工单位的经济效益与社会效益。

5.1 工程背景

桥梁上跨盐靖高速公路，采用三跨连续钢箱梁，路线中心线处跨径布置为（42+70+42）m。主桥上部结构采用全焊单箱三室截面钢箱梁，辅道上部结构采用全焊单箱单室截面钢箱梁，主桥宽度18.05m，左、右辅道宽均为9.775m，梁高3.0m。辅道由于路线中心偏离结构中心较远，横隔板及腹板竖向加劲肋沿结构中心线布置，桥型立面及平面图如图16-4所示。

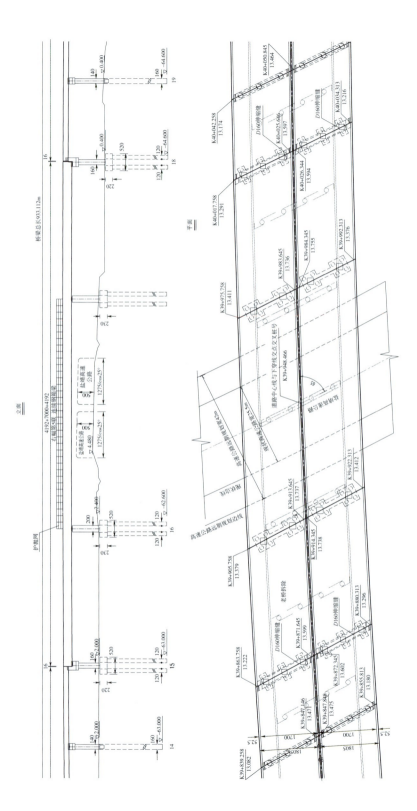

图 16-4 桥型立面及平面图（尺寸单位：cm；高程单位：m）

5.2 工程应用

（1）有限元模拟。

在广泛调研的基础上，研究跨高速公路连续钢箱梁斜交桥顶推的轴线偏移影响，确定钢箱梁顶推施工轴线偏移参数取值范围；再基于有限元模拟软件Abaqus，结合工程实际结构设计与顶推过程的施工参数，充分考虑现场施工顺序、荷载情况及边界条件，建立钢箱梁斜交桥结构仿真分析模型，赋予轴线偏移参数，然后计算得到结构安全系数。根据各参数值对应的结构安全系数进行等级划分，用作后期监测的阈值。钢箱梁斜交桥结构有限元模型如图16-5所示。

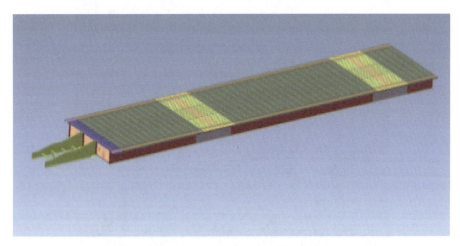

图 16-5　钢箱梁斜交桥结构有限元模型示意图

（2）设备安装。

现场设备分别有带数据无线传输功能的红外线测距仪、红外线反射板和可视化数据处理设备，其中，红外线测距仪和红外线反射板需分别安装在钢箱梁和顶推支架上。红外线测距仪位于钢箱梁底板正中间，红外线反射板位于顶推支架上与临时搁墩平行。现场制作钢质的方形盒并将其与钢箱梁底板通过焊接方式进行固定，红外线测距仪放置在盒里，红外线反射板与顶推支架通过焊接进行固定。现场设备安装位置如图16-6、图16-7所示。

（3）阈值设置。

根据前期的有限元模拟得到的不同安全系数等级下的轴线偏移值和相应的国家规范要求的轴线偏移值作为参数控制阈值，并与预警线相对应，一共设置四道预警线，分别为红色、橙色、黄色、蓝色，危险等级逐渐下降。监测系统在钢箱梁顶推施工全过程中处于蓝色预警，表明结构在顶推时发生横桥向偏移，但在允许范围内，处于安全状态。

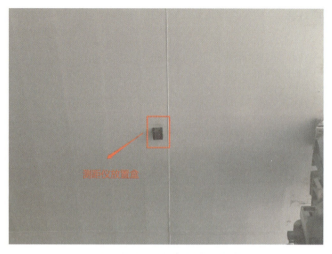

图 16-6 红外线测距仪位置示意图

图 16-7 红外线反射板安装位置示意图

在监测系统的协同下有序进行现场施工,提高了施工效率和安全性。

6 创新证明

本案例所涉及的装置已申请发明专利,专利申请受理通知书如图16-8所示。

图 16-8 专利申请受理通知书

案例 17

可折叠安全爬梯

张小飞[1]　晏　军[2]　吴汉武[2]　黄雪峰[2]

（1.昆山交通发展控股集团有限公司；2.中交一公局第五工程有限公司）

1　概述

传统放坡开挖基坑施工通常采用单爬梯贴坡面布置，节间设置土质平台，爬梯容易出现滑移、倾斜，土质平台泥水带入梯板，容易引发滑跌事故，且爬梯安装转场过程繁杂；基坑深度不同，单爬梯调节余地较小。

中交一公局第五工程有限公司昆山312项目，针对不同深度的承台基坑施工，设计了通用的可折叠安全爬梯。该爬梯安装方便，能有效保证人员安全上下，使用效果良好，适用于放坡开挖基坑施工通道。"折叠式基坑施工爬梯"已获得国家知识产权局授权的实用新型专利。

2　原理和特点

2.1　工作原理

可折叠安全爬梯由上梯道、下梯道、格构立柱、柱顶平台、地面平台、下梯道拉撑、装配式护栏等构件组成，上梯道、下梯道与柱顶平台通过销轴连接，柱顶平台可作为上下承台顶面的过渡平台。

该爬梯可通过调节销接立柱的高度和改变梯道角度来适应不同深度基坑。立柱、下梯道底、地面平台必须坚实、平整。安装后的立柱应保持垂直；地面平台必须打钢桩固定；转场前应先做好支承面的整平、换填、夯实。

该爬梯上下梯道有 ±20° 的有效转动范围；转场起吊，设有固定吊耳；兼顾基坑底部和承台顶面施工人员上下。可折叠安全爬梯立体图如图17-1所示。

图 17-1　可折叠安全爬梯立体图
注：节段护栏间增加链绳防护。

2.2　安全特点

2.2.1　结构形式

该爬梯上下梯道与中部平台之间采用转动轴连接，根据基坑深度灵活调整上下两梯段的角度和方钢立柱的高度，爬梯与地面的夹角控制在45°～60°。在立柱、下梯道底端，焊接方形钢垫板，下梯段与立柱上均布有插销孔，插入连接横杆，形成三角稳定结构；上梯段出口处设置外延钢板，内含有锚固孔，可与地面锚固，形成牢固连接，增强结构稳定性。该爬梯结构极大地提高了基坑承台施工人员上下通行的安全性。转场时，起重机通过柱顶平台上吊耳吊起整个爬梯，上下梯道绕轴转至立柱侧面，一次性吊上爬梯。

2.2.2 材料选择

梯道龙骨采用8号槽钢，槽钢下料尺寸偏差≤5mm，焊接合格率达100%。焊接过程中保证所有焊面光滑、饱满、表面无气泡。

踏板采用格栅型楼梯踏板及圆孔防滑平台踏板，起到滤水、防滑作用，平台踏板宽度尺寸偏差≤2mm。踏板为高防滑、高强度的材料，即使有少量泥浆带入，也有较好的安全保证。

转场平台与梯板之间采用带有轴套的连接销轴，定位精准，孔径偏差≤1mm，梯段与转场平台铰支座三角钢板搭接位置偏差≤2mm。保证爬梯最薄弱位置的用料，使其在安装拆卸的过程中更加安全。

立柱承重采用四根100mm×100mm×4mm方形钢管，四块280mm×280mm×10mm钢垫板。在立柱间采用钢管进行焊接，形成稳定的几何体；在立柱末端，焊接方形钢垫板，提高整体稳定性。

3 创新点和适用范围

3.1 创新点

（1）创新点：可折叠安全爬梯整体结构稳固，安全性高；同时兼顾基坑开挖后和承台施工过程中施工人员上下通行，安装、转场便捷，不会额外增大承台基坑开挖量；通过改变梯道角度，可在不同深度基坑使用，利用率高。

（2）解决的主要问题：可折叠安全爬梯解决了传统爬梯结构存在的整体稳定性和安全性差、安装转场过程复杂、额外增大基坑承台开挖量、无法同时兼顾基坑开挖和承台施工过程中施工人员上下通行的问题。可折叠安全爬梯同时兼顾基坑开挖和承台施工人员通行，即便是基坑底部有淤泥的状态下，也不容易产生滑移，工人由基坑底部到承台顶部转场，无须额外增大承台基坑开挖量，爬梯随基坑放坡角度的变化而自动调整，显著提高了施工的便利性、支撑的稳定性，安装拆卸方便便携，空间占用面积小，不会额外增加承台基坑开挖量，重复利用率高，节约安装时间，进而提高施工效率。

3.2 适用范围

可折叠安全爬梯适用于各类基坑开挖施工通道，且立柱下地基强度不小于60kPa，下梯脚、地面平台的地基强度不小于20kPa；否则必须进行处理，防止沉陷和泡水松软。

4 实施流程和操作要点

4.1 实施流程

4.1.1 创新构件的制作

可折叠安全爬梯结构相对复杂，由多个部分组成，爬梯部位标注简图如图17-2所示。

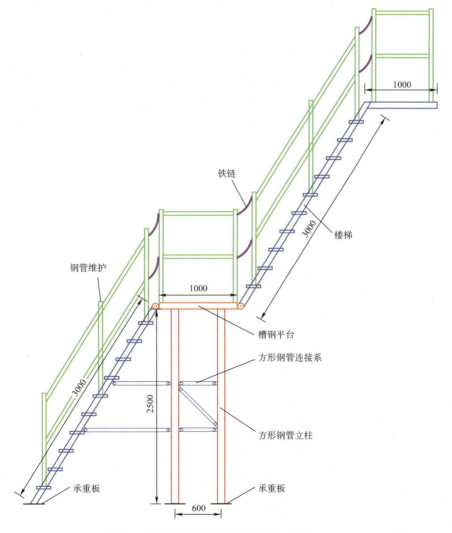

图 17-2 可折叠安全爬梯部位标注简图（尺寸单位：mm）

4.1.2 创新构件的安装、使用和拆除

可折叠安全爬梯各组成材料由上下梯段、斜段两侧C型槽钢、可拆卸钢管扶手、钢踏板、转场平台、承台搭接平台、转轴连接装置、方钢立柱、钢支撑组成。上下梯段的斜段两侧由C型槽钢和踏板焊接而成，C型槽钢上焊接3个钢管，用于固定钢管扶手，钢管下截面与C型槽钢下截面连接，钢管高度依据栏杆扶手尺寸确定；折叠式转场平台由两层钢板组成，通过转动轴连接，上层钢板可通过翻转搭接在承台顶部；方形钢管立柱位于转场平台下部，立柱内部通过设置限位孔可调节高度，伸缩高度为±1m，两两立柱间通过钢支撑稳定连接，立柱底部焊接四个方形垫板，使整体结构保持稳定，下梯段与立柱上均布有插销孔，通过横杆进行连接，形成三角稳定结构，上梯段出口处设置外延钢板，内含有锚固孔，可与地面锚固，形成牢固连接；上下梯段和转场平台之间通过转动轴连接，一方面可根据基坑深度调整角度，梯段与水平面的角度控制在45°～60°，另一方面在起重机对爬梯起吊时，上下梯段可向上转动合拢，整体起吊方便，上梯段顶部和下梯段底部各焊接两个起吊抓手，用于起重机整体式起吊。

4.1.3 创新构件的验收标准

成品尺寸、外观均应满足设计要求；对焊接部位进行检测，保证焊接面光滑、饱满、无焊渣焊瘤现象；各个连接面连接紧密，无松动现象。

4.2 操作要点及安全验算

4.2.1 材料特性及容许值

4.2.1.1 材料特性

爬梯支撑、立柱、横撑、分配梁均采用Q235钢。钢材按《公路钢结构桥梁设计规范》（JTG D64—2015）第3.2.1条，材料特性见表17-1。

钢材的设计用强度指标 表17-1

材料名称	厚度（mm）	弹性模量 E（MPa）	强度设计值（MPa）		端面承压（MPa）
			抗拉、抗压和抗弯 f	抗剪 f_V	f_{cd}
Q235钢	≤16	206000	190	110	280
	16~40	206000	180	105	280
Q345钢	≤16	206000	275	160	355
	16~40	206000	270	155	355

4.2.1.2 规范容许值

(1)构件变形容许值。

依据《钢结构设计标准》(GB 50017—2017)附录B第B.2.2条,支架结构柱位移容许值为$H/250$。

依据《钢结构设计标准》(GB 50017—2017)附录B第B.1.1条,工作平台梁受弯构件挠度容许值为$L/400$。

(2)屈曲稳定系数。

参考《公路钢结构桥梁设计规范》(JTG D64—2015)第4.2.3条,支架应具有必要的纵横向刚度,施工过程中应保证支架屈曲稳定系数不小于4。

4.2.2 荷载取值

(1)恒载。

钢结构的自重重度为78.5kN/m³。依据设计单位提供的图纸,模型计算分析中采用的自重系数取值偏安全设计,以此来实现结构的理论重量计算。

(2)活荷载。

爬梯休息平台施加2kN,爬梯踏步板允许同时通行6人,每人体重为100kg,每个节点施加1kN。

4.2.3 荷载组合

(1)基本组合:1.2×恒载+1.4×活荷载,用以进行钢结构强度验算。

(2)标准组合:1.0×恒载+1.0×活荷载,用以进行爬梯变形、稳定和地基承载力验算。

4.2.4 计算结果

4.2.4.1 计算模型

采用有限元分析软件midas Civil 2021对爬梯受力状态进行全过程分析,建立的计算模型如图17-3所示。

4.2.4.2 刚度验算

(1)立柱刚度。

标准组合下,支架立柱水平位移如图17-4所示。

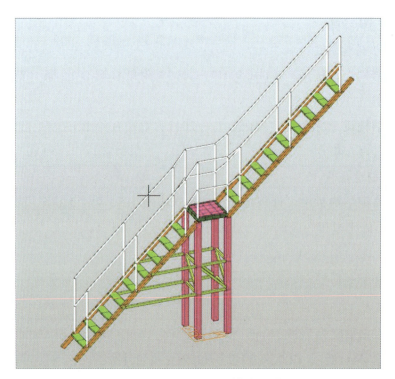

图 17-3 爬梯 midas Civil 2021 计算模型示意图

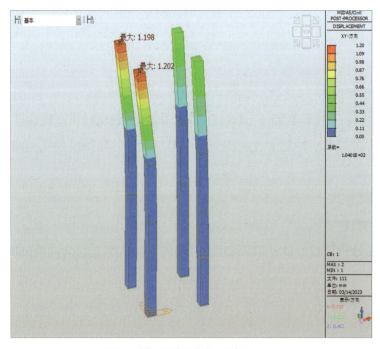

图 17-4 支架立柱水平位移图（单位：mm）

由图 17-4 可见，支架立柱最大水平位移为 1.20mm ＜ [f] =2500/250=10mm，满足《钢结构设计标准》（GB 50017—2017）附录 B 第 B.2.2 条，支架结构柱位移容许值为 H/250 的要求。

（2）承重梁刚度。

爬梯承重梁竖向位移如图 17-5 所示。

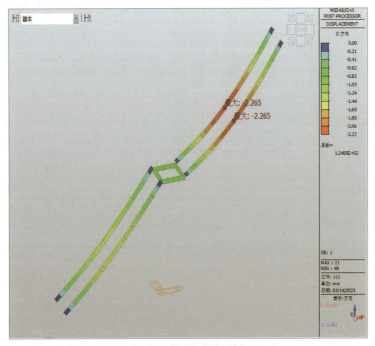

图 17-5　爬梯承重梁竖向位移（单位：mm）

由图 17-5 可见，承重梁竖向最大位移 =2.27mm ＜ [f] =3000/400=7.5mm，满足《钢结构设计标准》（GB 50017—2017）附录 B 第 B.1.1 条，工作平台梁受弯构件挠度容许值为 L/400 的要求。

4.2.4.3　强度验算

（1）方形钢管立柱强度。

基本组合下，方形钢管立柱正应力包络如图 17-6 所示。

由图 17-6 分析可知，方形钢管立柱的最大压应力为 –32.24MPa ＜ 190MPa，立柱钢管最大应力小于《公路钢结构桥梁设计规范》（JTG D64—2015）第 3.2.1 条 Q235 钢材设计最大应力。

（2）立柱支撑强度。

立柱支撑正应力如图 17-7 所示。

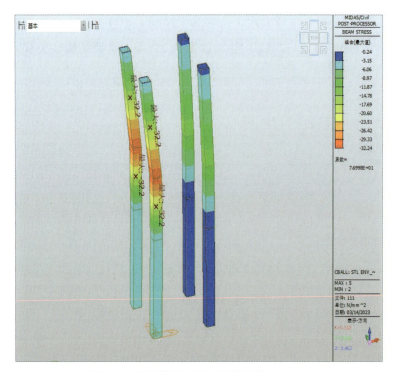

图 17-6 爬梯方形钢管立柱正应力图（单位：MPa）

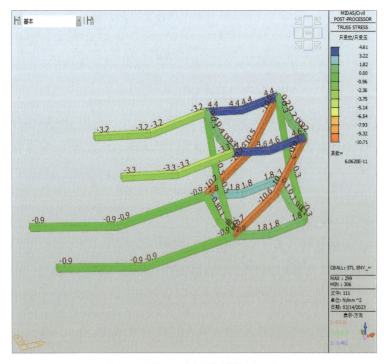

图 17-7 立柱支撑正应力图（单位：MPa）

由图17-7分析可知,立柱支撑的最大压应力为–10.71MPa,立柱支撑最大应力小于《公路钢结构桥梁设计规范》(JTG D64—2015)第3.2.1条Q235钢材设计最大应力。

(3)支点反力。

支点反力如图17-8所示。

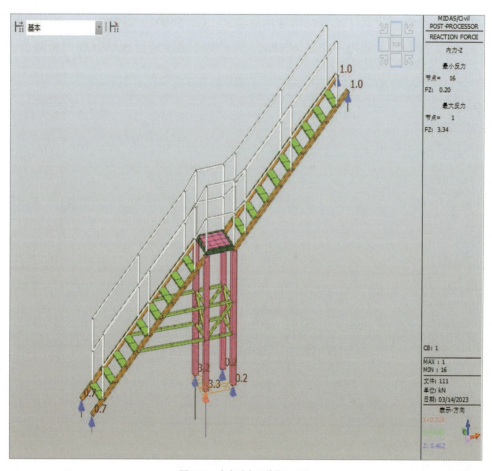

图17-8 支点反力(单位:kN)

由图17-8分析可知,标准组合下,方形钢管立柱最大支点反力为3.8kN,立柱底部承重板为尺寸0.28m×0.28m×0.01m的钢板,则爬梯钢立柱最大对地压强为48kPa。爬梯上下支点最大支点反力为1kN,爬梯支点承重板为尺寸0.28m×0.28m×0.01m的钢板,则爬梯支点最大对地压强为12.8 kPa。

(4)屈曲分析。

支架立柱的一阶屈曲模态如图17-9所示。

由图17-9分析可知,一阶屈曲模态特征值为90.6,满足《公路钢结构桥梁设计规范》

（JTG D64—2015）第 4.2.3 条，施工过程中应保证支架屈曲稳定系数不小于 4 的要求。

4.2.5 结论

（1）爬梯的刚度、强度验算均满足相关规范要求。

（2）根据验算结果及《工程结构通用规范》（GB 55001—2021），安全系数取 1.2，建议立柱地基处理后承载力不小于 60kPa，上下爬梯接触地面地基处理后承载力不小于 20kPa。

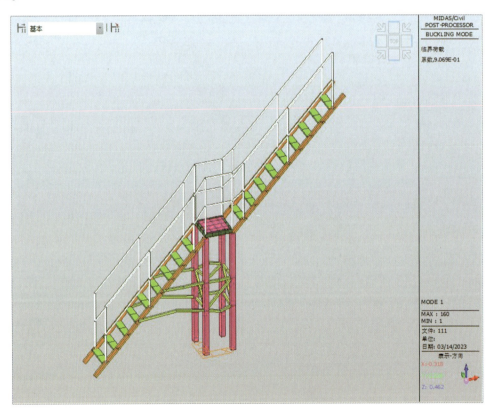

图 17-9 支架立柱的一阶屈曲模态

5 应用实例

（1）基坑开挖完成后，通过起重机将爬梯两端放置在基坑边缘，上下梯段与中部转场平台之间通过转动轴连接，根据基坑深度灵活调整上下两梯段的角度和方钢立柱的高度，爬梯与地面的夹角控制在 45°~60°，使结构整体稳定。

（2）爬梯结构安装时，首先将钢管扶手插入 C 型槽钢外侧焊接的 3 个方形钢管中固定，方形固定钢管分别位于斜面上第 1、3、5 根钢管的位置。

（3）上下梯段与转场平台通过转轴连接，焊接于梯段与转场平台间的三角形钢片，分别焊接于平台两端。

（4）中部平台由转场平台、栏杆扶手和承台搭接平台组成，转场平台与承台搭接平台之间通过转动轴连接，实现翻转功能。

（5）方形钢管立柱焊接在转场平台下部，由两层方形钢管嵌套而成，内部方形钢管与休息平台底部通过焊接连接，内部方形钢管含限位孔，钢管位置通过限位孔固定，由此调节立柱整体高度。

（6）立柱间通过空心方形钢管连接，底部焊接四个方形钢垫板，以提高整体稳定性。

（7）起吊弯钩通过钢板切割制成，焊接于爬梯顶部和底部，施工完成后将起重机缆绳固定在起吊弯钩上，向上提升过程中上下梯段合拢，整体移动便捷。

该可折叠安全爬梯已成功应用于昆山312项目基坑承台施工，现场施工图如图17-10所示。

图 17-10 可折叠安全爬梯现场施工图

6 创新证明

本案例所涉及的装置已获得实用新型专利授权，专利号为ZL2020 2 0800513.1，实用新型专利证书如图17-11所示。

图 17-11　实用新型专利证书

案例 18

混凝土预制构件 U 形翻转台

钱晓彬[1] 徐向延[2] 徐吉祥[3] 赵 刚[4]

（1. 南通市通锡高速公路海门至通州段工程建设指挥部；2. 中建三局集团有限公司；3. 中建华东投资有限公司；4. 江苏恒达安工程技术咨询有限公司）

1 概述

装配式箱涵施工时，为改善预制质量、方便装车运输，往往需要对钢筋混凝土预制构件进行翻转，单纯起重机械设备起吊翻转存在重心变动快和吊绳受力不垂直、不均衡等安全风险，中建三局集团有限公司基于通锡高速公路海门至通州段工程项目预制装配式箱涵施工，设计制作了混凝土预制构件U形翻转台，实现了全项目预制构件的安全翻转。"分块式U型箱通（涵）安装施工工法"获得省级工法。混凝土预制构件U形翻转台适用于预制混凝土构件的翻转施工。

2 原理和特点

2.1 工作原理

装配式箱通（涵）等混凝土预制构件节段设计分为上下分块式和整体式两种。上下分块式的下节段采用"卧式"预制，出厂前经两次翻转90°（即180°）到安装姿态。整体式节段采用"立式"预制，在出厂前翻转90°到安装姿态。装配式箱通（涵）标准化节段如图18-1所示。

a) 整体式　　　　　　　　　　　　b) 上下分块式

图 18-1　装配式箱通（涵）标准化节段

混凝土预制构件用起重设备翻转属于歪拉斜吊，构件重心变化快，容易引发安全事故，为完成180°翻转需要二次翻转，预制构件预埋吊筋多，起吊时吊筋多方向受力，容易造成构件破损，甚至引发机械倾覆事故。通过研发混凝土预制构件U形翻转台，能一次性实现构件的180°翻转。预制场和现场均可较为方便地安设该翻转台，实现构件的快捷、平稳翻转。

翻转台包括由翻转铰链连接的底座和翻转体，翻转体通过翻转铰链和底座进行连接，在翻转体的中部设有胶辊，胶轮架与底座形成连接，方便快捷地将混凝土预制构件进行任意角度的翻转，配合起重设备可以快速地进行厂内转运和存放。翻转台结构简单、造价低、工作效率高、安全可靠。混凝土预制构件U形翻转台如图18-2所示。

图 18-2　混凝土预制构件 U 形翻转台

（1）装配式箱通（涵）节段需在出厂前翻转至安装姿态。

（2）翻转采用U形翻转台，提高翻转效率，降低安全风险。

（3）翻转操作时将翻转台调至水平位置，使用起重设备通过吊具将箱通（涵）下节段水平放置于覆盖橡胶垫的翻转台上，启动翻转台，自动完成90°翻转。重复翻转步骤，再次翻转90°，完成下节段180°翻转。

（4）将箱通（涵）节段吊放至平板运输车上并绑扎牢固，运输出厂。

2.2 安全特点

使用混凝土预制构件U形翻转台，能够避免起重吊装的歪拉斜吊，吊物重心快速横移，吊绳受力不均匀，预埋吊筋多方向受力后断裂、构件破损，甚至是机械构件倾覆等情况的发生，达到构件保质、平稳翻转的目的。

3 创新点和适用范围

3.1 创新点

重达22t的分块式U形箱通（涵）构件采用专用翻转台实现180°快速稳定翻转。

3.2 适用范围

混凝土预制构件U形翻转台适用于拼装式预制混凝土构件翻转施工。

4 实施流程及操作要点

4.1 实施流程

（1）混凝土预制构件U形翻转台采用机械式翻转系统，具有自动锁紧功能，当设备超过最大翻转重量或突然断电时，电机的防抱死系统立即动作，将电机主轴抱紧，使电机停转，工作台随之停转，翻转体原位锁定，翻转台不会出现倒转现象，极大地提高了设备安全性。

（2）翻转台具有旋转构件功能，可按要求将构件翻转至任意角度，操作简便，使用灵活可靠。重达22t的分块式U形箱通（涵）可以通过U形翻转台在预制厂实现0~180°的快速翻转，提高构件翻转效率。

（3）设备采用5m长遥控控制线，操作人员可以远距离进行翻转构件操作，同时托辊和翻转底座均设有安全防护罩，保证操作人员安全。

（4）进行翻转台轻量化设计，翻转台具有轻巧、移动灵活、对地基承载力要求低的特点，无须重复转运构件，可把翻转台运输至构件翻转的施工现场实现翻转。

（5）在翻转过程中，尽量减少工件重心水平方向的移动；翻转过程中工件保持平稳，运行时噪声要尽量小，防止产生噪声污染；尽量减少能耗，符合节能减排的要求。

（6）翻转台在翻转过程中采用回悬链固定悬吊翻转构件，作为翻转过程中的一道保险措施。

相关实施流程如图18-3所示。

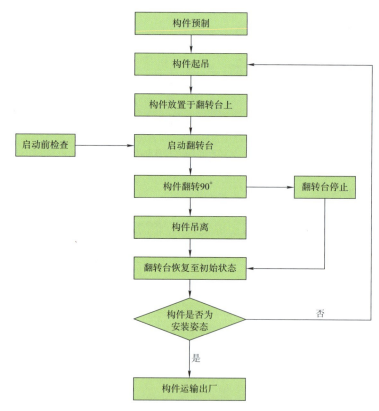

图18-3 实施流程图

4.2 操作要点

分块式箱通（涵）下节段出厂前两次翻转90°（即180°）至安装姿态；整体式箱通

（涵）节段出厂前翻转90°至安装姿态。采用专用U形翻转台进行翻转，降低了安装现场翻转的安全风险，提高了翻转效率。

（1）准备好需要翻转的预制构件节段。

（2）将装配式箱通（涵）节段以预制姿态吊放至U形翻转台上，如图18-4、图18-5所示。

图18-4　装配式箱通（涵）节段吊放至翻转台

图18-5　装配式箱通（涵）节段放置于翻转台台面

（3）将装配式箱通（涵）节段平稳地放置在翻转台台面上，节段重心不超过翻转台重心，以确保翻转时的安全。

（4）启动翻转台，开始第一次翻转，如图18-6、图18-7所示。

图 18-6 混凝土预制构件 U 形翻转台开始运转

图 18-7 装配式箱通（涵）下节段第一次翻转完成

（5）装配式箱通（涵）节段随翻转台翻转至90°时，翻转台自动停止工作。

（6）将起重设备的吊钩固定在装配式箱通（涵）节段上，将节段吊离翻转台。

（7）启动翻转台，将翻转台反转恢复至初始状态。

（8）将装配式箱通（涵）节段再次吊放至翻转台台面上，重复之前的步骤。

（9）多次翻转，直至装配式箱通（涵）节段翻转至安装姿态，如图18-8所示。

（10）将装配式箱通（涵）节段吊放至平板运输车上并绑扎牢固，运输出厂。

图 18-8 装配式箱通（涵）下节段翻转 180° 至安装姿态

5 应用实例

为解决箱通（涵）构件翻转问题，通锡高速公路海门至通州段工程项目设计了专用混凝土预制构件U形翻转台并委托专业生产厂家加工制作，该翻转台设置于平整坚固的场地上，用于"立式"及"卧式"预制箱通（涵）的翻转，如图18-9所示。

图 18-9 应用实例

翻转台由底座、圆形转动部件和链式电机组成，将拟翻转件置于架体上，启动电机，圆形转动部在底部圆盘上转动，重心在底座范围内，直至完成90°翻转。翻转台翻转安全、可靠、效率高，能实现构件90°或180°翻转。

混凝土预制构件U形翻转台投入使用后，设备运行安全、平稳，使用方便快捷，设备结构简单、故障率低、能耗低，维护和使用成本低，大大提高了混凝土预制构件预制及安装施工过程中的生产效率，经济效益良好。

随着装配式建筑被大力推广应用，装配式箱通（涵）技术也逐渐应用在工程建设中，配合装配式箱通（涵）预制及安装的预制构件翻转工艺也具有极大的推广应用价值。

6 创新证明

本案例所涉及的装置已获得实用新型专利授权，专利号为ZL 2021 2 3180957.3、ZL 2021 2 3180938.0、ZL 2022 2 0556681.X。"分块式U型箱通（涵）安装施工工法"获得省级工法，工法编号为HBGF086-2022，相关证明文件如图18-10、图18-11所示。

a)

b)

图 18-10

c)

图 18-10　实用新型专利证书

图 18-11　工法证明

CHAPTER 03

第 3 篇

水运工程案例

案例 19

船闸基坑全自动降水装置

马立学[1]　卢　飞[1]　颜童宇[2]　张　晖[3]

（1. 南通市江海河联运项目建设指挥部；2. 江苏科兴项目管理有限公司；3. 中交第二航务工程局有限公司）

1　概述

通海港区—通州湾港区疏港航道双桥枢纽工程项目针对船闸基坑降水井降水自动化程度不高，容易引发积水和抽空烧毁设备事故的情况，开展降水井降水自动化控制研究，应用"一种用于室内模型试验中量测水位变化的装置"实用新型专利中的构件，形成了适用于船闸基坑降水井全自动降水装置，确保了基坑施工安全，获得了良好的使用效果。该装置特别适用于地下水渗透不均、土层分布较复杂基坑的施工降排水。

2　原理和特点

2.1　工作原理

通过在降水井内设置既定水位感应器，井内水位达到感应器位置时，系统自动启动水泵，开始抽排水。按照3~5口降水井设置一处控制器，该控制器控制3~5口降水井的自动抽水工作。船闸基坑全自动降水装置示意图如图19-1所示。

2.2　安全特点

该装置具有远程自动控制和报警功能，能防止出现集水井降水的过排空抽和降水不及时的情况，避免过排引起的坍塌和设备烧毁，避免未及时排水造成的坍塌、滑坡、设备人员受淹，减少了人工消耗。

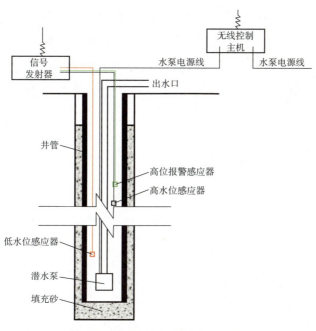

图 19-1　船闸基坑全自动降水装置示意图

（1）无线信号控制主机自动抽水。水位信号发射器、无线信号控制主机采用进口无线芯片，信号稳定、抗干扰、穿透力强。该装置使用灵敏度、精准度高的电极感应控制方式，水位高于高水位感应器5s内自动开启水泵，水位低于感应器5s内自动关闭水泵。

（2）太阳能充电。信号发射器采用太阳能光伏自动循环充电，操作便捷；并且安装完成后，只需定期检查是否损坏。同时，信号发射器内置大容量电池，即使没有太阳的天气也能正常工作30d。

（3）自动、手动结合控制。接收器有手动和自动切换功能，一旦出现功能故障时，也可手动开启或关闭接收器。

（4）智能联控。使用独立编码信号控制多个水泵同时进行不同深度的降水。

3　创新点和适用范围

3.1　创新点

（1）创新点：①引用水塔（水箱）分段式水位补水控制器；②接入无线模式信号传

输装置；③增加断电后的水位记忆功能，通电后自动恢复信号接收功能；④智能联控，发射器、接收器可以独立控制多个水泵。

（2）解决的主要问题：通过以上创新点的实施，可满足多点、区域降水需求，及时降低基坑边坡及底部土体含水率，避免过抽或迟排现象，避免因未及时降排水而导致的基坑渗水、滑坡、坍塌，降低人员通过不安全区域或交通不便区域进入降水井的过程风险和作业过程中的触电风险，保障基坑稳定性及结构施工区域内的作业人员和设施设备的安全。

3.2 适用范围

船闸基坑全自动降水装置适用于复杂基坑降水井降水作业，特别适用于交通不便、地下水渗透不均、土层分布较复杂、区域高程不一的基坑。

4 实施流程和操作要点

4.1 实施流程

4.1.1 创新构件的制作

（1）无线信号水位控制器工作电压220V，允许直控负载3kW；加装CJ系列交流接触器。控制多台排水设备时，水位控制器负载出线端串接交流接触器电源回路线，接触器主触点出线侧并接多台设备且具有过载、漏电保护的电源开关，负载功率与线路和电气元件相配匹。

（2）太阳能充电板配备可重复充电锂电池，阴天状态下可正常使用30d。

（3）感应器使用304不锈钢电极探头，探头感应线线径9mm，应用范围为深度不大于50m。

（4）信号传输半径常规环境下达到2000m。

4.1.2 创新构件的安装、使用和拆除

设备进场后，先进行水位信号接收器、无线控制主机的信号连接调试，调试成功后，先将感应器按照既定的高度安装（先安装低水位和高水位感应器，然后安装高位报警感应器），感应器安装完成后连接至水位信号接收器，将水位信号接收器安装于井

口,做好相应的固定和保护措施。选取合适的安全地点摆放组合式控制箱,做好防护措施,在控制箱内安装无线信号控制主机,连接好相应的电气元件。根据工程要求设置高水位报警探头。

安装完成后,需进行试运行,及时发现运行过程中可能存在的问题,确保正常工作。后续工作过程中进行定期检查。使用完成后,按照先后顺序拆除感应器、水位信号接收器、无线信号控制主机及控制箱。

4.1.3 创新构件的验收标准

降水装置的安装调试必须由专业的安装调试人员进行施工。设备安装前,检查各设备是否齐全,重点检查设备数量、种类,以及有无损伤、损坏等情况。安装过程中,需注意传感器信号线的固定间距,并防止地面信号线被碾压破坏;安装调试完成后,先进行试运行,检查信号连接是否稳定,电气连接是否正确,设备安装是否稳固,周围环境是否满足设备运行条件。正常工作后,对接收器、控制主机、电气元件、感应器高度等进行定期检查。

4.2 操作要点

设备进场后,进行信号接收调试,调试成功、满足现场施工情况后进行安装工作。

水位信号接收器、无线信号控制主机要进行经常性检查,避免因故障导致未正常工作。

5 应用实例

船闸基坑全自动降水装置应用于通海港区—通州湾港区疏港航道双桥枢纽工程基坑降水井作业,现场应用照片如图19-2所示。

a) 一组降水装置总控制箱

b) 单井控制装置

图19-2 船闸基坑全自动降水装置现场应用照片

6 创新证明

本案例所涉及的装置已获得实用新型专利授权,专利号为ZL 2016 2 0775326.6、ZL 2015 2 0639443.5、ZL 2015 2 0644266.X,实用新型专利证书如图19-3所示。

图 19-3 实用新型专利证书

案例 20

踏步板角度可调式爬梯

周 亮[1] 郭善义[2] 杨 明[2] 李远国[2]

（1.常州市三级航道网整治工程建设指挥部办公室魏村枢纽项目办；2.中建筑港集团有限公司）

1 概述

基坑爬梯施工通道往往因坡度不同，爬梯梯板不处于水平状态，影响通行安全，更有可能影响应急救援速度。基于魏村枢纽扩容改建工程土建施工项目（WCSN-TJ1标段），对深大基坑作业边坡通道进行了研究和设计，将制作的踏步板角度可调式爬梯应用于工程，取得了良好的成果。本成果于2022年12月6日通过常州市交通运输局微创新成果认定，2023年2月3日"一种踏步角度可调型斜坡梯道装置"获得国家知识产权局授权的实用新型专利。该爬梯可广泛应用于深度小于5m的基坑施工通道。

2 原理和特点

2.1 工作原理

本爬梯通过旋丝调节器与铰接踏步板的联动关系，实现角度的选择性调整，同时由旋丝调节器顶端的限位螺栓保证踏步板角度确定后的固定效果，保障安全稳定。爬梯相关设计图如图20-1～图20-4所示。

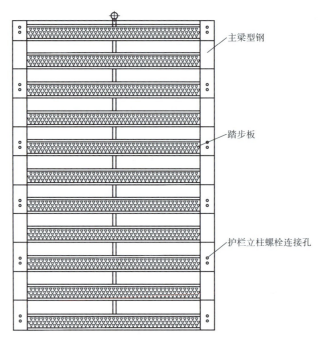

a) 梯道平面图

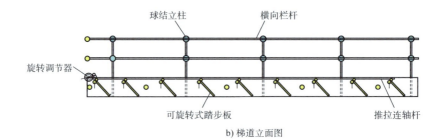

b) 梯道立面图

图 20-1 踏步板角度可调式爬梯梯道设计图

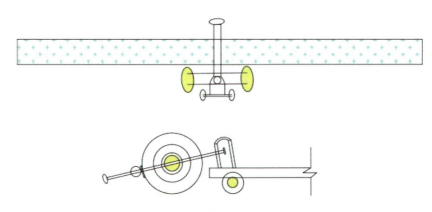

图 20-2 旋转调节器设计图

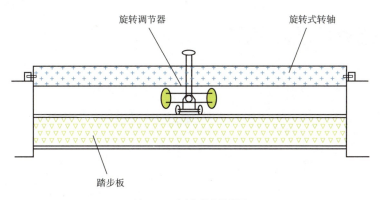

图 20-3　踏步板铰接设计图

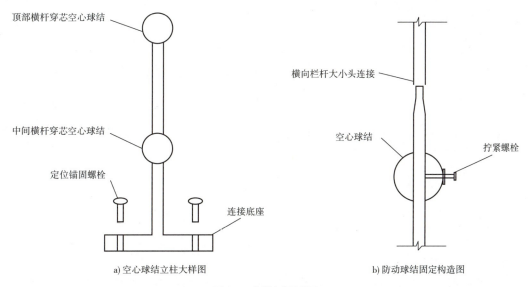

a) 空心球结立柱大样图　　　　b) 防动球结固定构造图

图 20-4　护栏安装设计图

2.2　安全特点

（1）本爬梯对不同坡度要求的基坑边坡适用性强，可在基坑边坡角度变动或局部坡度倾斜角不一致时保证踏步板的水平性，从而保障施工作业全周期内的安全稳定。

（2）可进行梯道拼装组配，在现场不同工况需求下仍能保证爬梯极高的周转性，且爬梯组装简单、方便、快捷、高效，实现了市场量产化、普及化的需求。

（3）运输方便、节约空间，梯道主体可进行拆解存放，能够将有限的用地资源节约利用。

3 创新点和适用范围

3.1 创新点

（1）创新点：将传统一体化固定式基坑进出通道优化为可装配的踏步板角度可调式爬梯。

（2）解决的主要问题：这种可装配的踏步板角度可调式爬梯通过调节踏步板的倾斜角，克服了传统固定式梯道踏步板不水平、行人安全性差的问题，满足了不同坡度基坑施工通道要求，提高了装置的周转使用率，大大节约了资源材料。

3.2 适用范围

本爬梯适用于深度小于5m基坑、不同角度、贴坡设置的安全通道（中段有支撑），也可应用于高度小于3m的登高爬梯（中段悬空，与底面角度不小于35°）。

4 实施流程和操作要点

4.1 实施流程

4.1.1 梯道的制作和计算

4.1.1.1 梯道标准节制作

通过现场坡度计算需要的梯道长度，并根据该长度制作对应的标准节，一般以1m、3m为标准，每一节标准节结构包括梯道两侧主梁、顶端旋丝调节器、调节拉杆、可旋转踏步板及球结式承插型护栏。

标准节钢材采用Q235，主梁为尺寸（长×宽×翼宽）300cm×18cm×7cm槽钢，踏步板为117cm×26cm钢板，厚度均为5mm，并与主梁通过旋转轴连接，调节拉杆为300cm×4cm×4cm的方形钢管，与主梁平行布置在踏步板中线并与踏步板铰接，调节装置固定轴采用直径10cm、长度26cm的钢管置于梯道顶端并与调节拉杆焊接，每道的标准节设两个吊耳，便于起吊。

4.1.1.2 强度计算

（1）荷载计算：本爬梯沿基坑边坡放置，主梁支设在基坑边坡坡面上，主梁受力均传递至坡面上，踏步板主要承受荷载为自重及上方工作人员重量，取980kN。

踏步板自重：$q_1 = \dfrac{1.17 \times 9.8 \times 5 \times 7.85}{980} = 0.46$（kN/m）。

人员荷载：$q_2 = \dfrac{100 \times 9.8}{980 \times 0.26} = 3.77$（kN/m）。

施工荷载计算：$Q = 1.1 \times 0.46 + 1.4 \times 3.77 = 5.78$（kN/m）。

抗弯强度计算：$M = 5.78 \times 0.26^2 / 8 = 0.05$（kN·m）。

强度 $f = 0.05 \times 10^6 / (260 \times 5) = 38.5$（N/mm²）$< 215$ N/mm²，满足要求。

（2）悬空搁置、单人行走的最大长度计算：

梯道、踏步参数分别见表20-1、表20-2。

梯道参数表　　表 20-1

梯段净跨（mm）	6500	梯段净高（mm）	6500
楼梯宽度（mm）	1200	梯段斜长（mm）	9200
梯梁截面	槽形 –180×68×7×10.5-Q235		
梯梁恒载（kN/m²）	0.3	梯梁活载（kN/m²）	1.5

踏步板参数表　　表 20-2

踏步板数	30	
踏步板截面	50（50）×260×5-Q235	
踏步板恒载（kN/m²）	0.45	踏步板活载（kN/m²）	5.5

施工组合荷载工况：1.3×梯道荷载+1.5×人员荷载。

标准组合荷载工况：1.0×梯道荷载+1.0×人员荷载。

单梯梁标准荷载组合：1.0×梯道荷载。

①梯道计算。

梯道验算荷载工况见表20-3。

梯道验算荷载工况表　　表 20-3

梯道计算	控制工况	数值	限值	结果
受弯强度	1.3D+1.5L	56.50MPa	最大 215MPa	满足
受剪强度	1.3D+1.5L	3.01MPa	最大 125MPa	满足
挠度	D+L	27.14mm	最大 36.77mm	满足

注：D-梯道荷载；L-人员荷载。

A. 梯道受弯强度计算。

弯矩计算结果：M_{max} = 8.365 kN·m（有限元计算结果）。

$$\sigma = \frac{M_{max}}{\gamma_x \cdot W} = \frac{8.365 \times 10^6}{1.05 \times 1.41 \times 10^5} = 56.5 \text{（N/mm}^2\text{）} < 215 \text{N/mm}^2$$

式中：γ_x——截面的塑性发展系数，取1.05；

W——截面抵抗矩。

结果判断：验算无误，满足要求。

B. 梯道受剪强度计算。

剪力计算结果：V_{max} = 5.148 kN（有限元计算结果）。

$$\tau = \frac{1.5 \times V_{max}}{A} = \frac{1.5 \times 5148}{2569} = 3.006 \text{（N/mm}^2\text{）} < 125 \text{N/mm}^2$$

结果判断：验算无误，满足要求。

C. 梯道$D+L$工况下挠度计算。

$$w = 27.14 \text{mm} < \frac{9192}{250} = 36.8 \text{（mm）（有限元计算结果）}$$

结果判断：验算无误，满足要求。

D. 梯道L工况下挠度计算。

$$w = 22.62 \text{mm} < \frac{9192}{400} = 23.0 \text{（mm）（有限元计算结果）}$$

结果判断：验算无误，满足要求。

② 踏步板计算。

踏步板验算荷载工况见表20-4。

踏步板验算荷载工况表 表20-4

踏步板计算	控制工况	数值	限值	结果
受弯强度	1.3D+1.5L	66.51MPa	最大215MPa	满足要求
受剪强度	1.3D+1.5L	1.18MPa	最大125MPa	满足要求
挠度	D+L	0.72mm	最大4.80mm	满足要求

注：D-梯道荷载；L-人员荷载。

A. 踏步板受弯强度计算。

弯矩计算结果：$M_{max} = (1/8) \times ql^2 = 2.297 \times 1.2 \times 1.2/8 = 0.4135$（kN·m）

$$\sigma = \frac{M_{\max}}{\gamma_x \cdot W} = \frac{0.4135}{1.05 \times 5921} = 66.5 \text{ (N/mm}^2) < 215 \text{N/mm}^2$$

式中：γ_x——截面的塑性发展系数，取1.05；

W——截面抵抗矩。

结果判断：验算无误，满足要求。

B.踏步板受剪强度计算。

剪力计算结果：$V_{\max} = \dfrac{ql}{2} = \dfrac{2.297 \times 1.2}{2} = 1.378$（kN）

$$\tau = \frac{1.5 \times V_{\max}}{A} = \frac{1.5 \times 1.378}{1750} = 1.18 \text{ (N/mm}^2) < 125 \text{ N/mm}^2$$

结果判断：验算无误，满足要求。

C.踏步板 $D+L$ 工况挠度计算。

$$w = \frac{5 \times ql^4}{384EI} = \frac{5 \times 1.547 \times 1.2^4}{384 \times 206000 \times 2.813 \times 10^5} = 0.72 \text{ (mm)} < \frac{1200}{250} = 4.8 \text{ (mm)}$$

结果判断：验算无误，满足要求。

D.踏步板L工况挠度计算。

$$w = \frac{5 \times ql^4}{384EI} = \frac{5 \times 1.43 \times 1.2^4}{384 \times 206000 \times 2.813 \times 10^5} = 0.67 \text{ (mm)} < \frac{1200}{400} = 3 \text{ (mm)}$$

结果判断：验算无误，满足要求。

综上判断：悬空搁置做楼梯时，单人行走的最大长度为9.2m。

4.1.2 梯道的安装和拆除

根据坡度确定踏步板角度，并旋转调节器旋丝，通过旋丝的旋进带动调节拉杆上提，从而使与其铰接的踏步板旋转至合适角度，角度调节到位后旋紧调节器两端的限位螺栓，以保证使用过程稳定；之后拼插上部护栏结构。

各标准段连接时采用逐段吊装、错位拼接的原则。两节标准段通过主梁两端预留的销孔进行连接，连接时护栏接头与梯道主体接头处应错开50cm，以保证强度。

梯道拆除时，将各标准段连接口螺栓松脱，并将踏步板角度还原，从坡道顶端逐节拆解吊运。

4.1.3 梯道安装的验收标准

（1）安装基面相对平整，梯道整体无晃动现象，局部存在高差位置应垫高或下削，确保整体稳定。

（2）梯道连接口及调节器限位螺栓连接到位，并定期检查维护。

（3）踏步板平整度及水平值应定期进行核查，同时对旋转轴等连接件进行维护。

4.2 操作要点

标准节制作过程中主梁线形控制关系到后续构配件的安装及旋转构件的正常运作，故在焊接过程中注意水平值及平行度的把控，同时焊接过程注意温度影响，做好保护及后续修复措施，避免因主梁变形而影响整体构件的安全稳定。

踏步板与调节拉杆铰接时应采取水平顺向角度安装，使每道踏步板的角度保持一致，踏步板全部安装完成后再固定调节栏杆，以保证在调整角度时，所有踏步板均能够实现高精度定位。

各标准节拼装前，复核踏步板角度的调整是否到位，旋丝调节器两端限位螺栓是否紧固，并确定吊环质量，复核无误后进行起吊安装。

5 应用实例

踏步板角度可调式爬梯应用于魏村枢纽扩容改建工程土建施工项目（WCSN-TJ1标段），实体图如图20-5～图20-8所示。

图 20-5 踏步板铰接

图 20-6 调节拉杆及旋转器固定

图 20-7　护栏安装

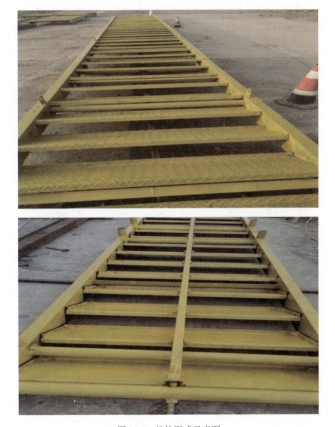

图 20-8　整体形式示意图

6　创新证明

本案例所涉及的装置已获得实用新型专利授权,专利号为ZL 2022 2 1609908.9,实用新型专利证书如图20-9所示,并通过常州市交通运输局微创新成果认定,如图20-10所示。

图 20-9 实用新型专利证书

a) 微创新成果评价认定意见　　　　　　b) 微创新成果认定清单

图 20-10 微创新成果认定

案例 21

外海无掩护安全应急保障平台

顾焱华[1]　陆林根[1]　顾云飞[1]　王　衡[2]
（1. 南通港集团建设投资有限公司；2.中交第三航务工程局有限公司）

1　概述

南通港通州湾港区三港池1～3号码头建设，属于外海孤岛无掩护作业。项目区域常有突风、台风、寒潮、巨浪等突发恶劣天气，海域潮差大、滩面高、滩涂阔，不能够靠前指挥调度，突发灾害、事故发生应急距离远，甚至无法从岸上通达救援地点。项目设计和建设了外海无掩护安全应急保障平台，为现场指挥调度、应急救援提供了有力保障。该平台经历了13级外海风、浪，仍安然无恙；适用于离陆域5km以内，引堤暂未贯通的外海孤岛施工作业。

2　原理和特点

2.1　工作原理

引堤与码头工程同时施工的外海孤岛施工作业，在引堤贯通前，码头施工区域应急救援条件差，对突发恶劣天气应急反应迟缓。

在码头前沿较短工期内建设外海无掩护安全应急保障平台，既能作为前沿现场指挥及值班场所，又能作为突发恶劣天气下及时撤离的安全保障平台，提高了项目在陆域未贯通时的应急救援及保障能力。

外海无掩护安全应急保障平台结构包括钢管桩、联系钢管、主横梁、主纵梁、槽钢倒扣、防撞桩。

外海无掩护安全应急保障平台采用钢管桩+贝雷架及型钢结构,平台上面设置一定数量的办公住宿设施、应急物资,用于人员临时指挥及临时休息,平台上面设置通信基站和航标警示灯,平台四周设置安全防护栏杆;为做好人员上下船舶时的安全平稳,降低人员落水风险,上下船舶通道外侧靠船端防护采用可拆卸链条式设计,方便不同潮水阶段上下船舶的同时,防止硬质防护靠船的碰撞损坏。外海无掩护安全应急保障平台模型如图21-1所示。

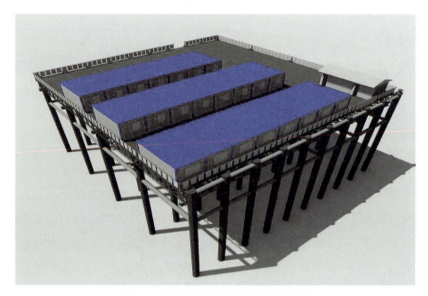

图 21-1 外海无掩护安全应急保障平台模型图

(1)基础采用$\phi=800mm$、$\delta=10mm$钢管桩。

(2)钢管桩之间用$\phi=500mm$、$\delta=10mm$联系钢管连接。

(3)主横梁采用双拼HN600×200×11×17型钢。

(4)主纵梁采用[36a槽钢,间距750mm。

(5)桥面采用[14a槽钢倒扣,间距180mm。

2.2 安全特点

安全应急保障平台具有施工工期短、结构稳定性强的特点,其住宿、生活设施、常规应急物资一应俱全,能满足日常生活、值班值守、短时应急的工作需要。同时,安全保障平台还能安装现场监控设施、气象检测设施、太阳能发电设备,储备海上救生设备,为施工船舶进行淡水及生活物资补给,极大降低了外海孤岛施工作业的应急救援风险,缩短了应急响应时间,保障了施工作业安全。

3 创新点和适用范围

3.1 创新点

（1）创新点：针对外海无掩护的工况条件，为了解决码头现浇桩帽施工人员需要临时休息场所的需求，在紧急突发的恶劣天气情况下人员能够及时撤离至安全地带，同时兼顾在日常施工管理中的现场指挥功能，设计了外海无掩护安全应急保障平台。

外海无掩护安全应急保障平台采用钢管桩+贝雷架及型钢结构，平台上面设置一定数量的办公住宿设施，用于人员临时指挥及休息，平台上设置通信基站和航标警示灯，平台四周设计型钢全方位防护栏（图21-2、图21-3）。为确保人员上下船舶时的安全平稳，降低人员落水风险，上下船舶通道外侧靠船端防护采用可拆卸链条式设计，方便不同潮水阶段上下船舶，防止硬质防护靠船的碰撞损坏。

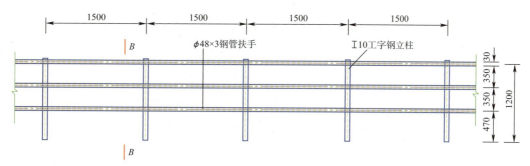

图 21-2　栏杆立面图（尺寸单位：mm）

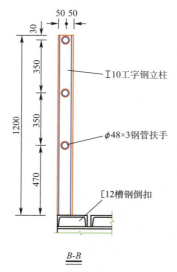

图 21-3　栏杆断面图（尺寸单位：mm）

该安全应急保障平台可有效控制海上施工时发生突风、涌浪等导致的淹溺风险。

（2）解决问题：解决海上作业人员在紧急情况及恶劣天气下的应急救援难题。

（3）效益分析：减小发生突风、涌浪等突发恶劣天气时人员撤离距离、船舶来回航行时间，大幅度提高施工效率。

常规护栏抗风浪能力不足，通过验算，设计了附着式型钢护栏，降低了平台上坠落的风险，栏杆立面图和栏杆断面图分别如图21-2、图21-3所示。

3.2 适用范围

该安全应急保障平台适用于5km以内外海孤岛施工作业，且风速小于13级风、波浪条件满足南通港10年一遇极端高水位时$H1\%$波高的外海施工作业。

4 实施流程和操作要点

4.1 实施流程

4.1.1 创新构件的制作

结构采用有限元计算软件midas Civil进行模拟建模计算。采用梁单元模拟得出联系。钢管组合应力、剪应力、变形均在允许值内，联系钢管内力图如图21-4、图21-5所示，联系钢管变形图21-6所示。13级风（风速41.4m/s）风压1.074kPa下的风荷载：集装箱取1.22kPa，钢管桩取1.37kPa。平台构件应力及变形结果见表21-1。

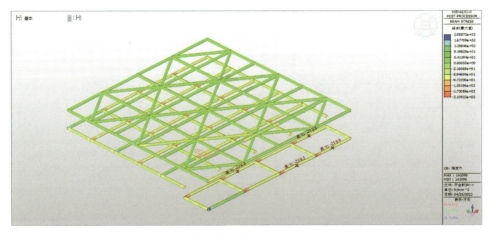

图21-4　联系钢管组合应力图截图（单位：MPa）

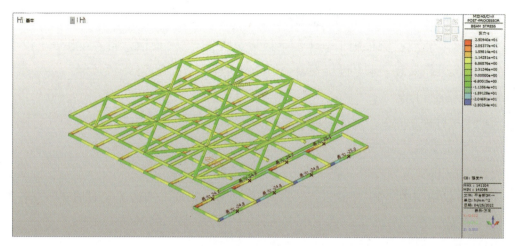

图 21-5 联系钢管剪应力图截图（单位：MPa）

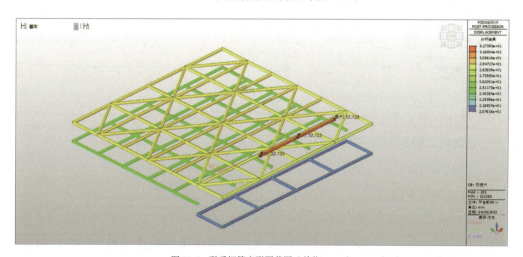

图 21-6 联系钢管变形图截图（单位：mm）

平台构件应力及变形结果　　　　　　　　　　表 21-1

序号	构件	组合应力		变形	
		应力（MPa）	允许值（MPa）	变形（mm）	允许值（mm）
1	[12a	142.9	215	0.28	1.00
2	[32a	164.2	215	21.3	21.25
3	HN450	157.6	215	1.38	14.25
4	工10	44.5	215	0.15	14.25
5	联系钢管	169.2	215	46.89	—
6	钢管桩	109.3	215	52.8	—
7	钢管桩承载力	1128.3kN< 桩基承载力 2003kN			

4.1.2 创新构件的安装、使用和拆除

实施流程：钢管桩沉桩施工—H 型钢横梁安装—[32a 槽钢纵向梁安装—[12 槽钢面板安装—集装箱安装—水电设施安装—护舷及栏杆设施安装。

4.1.2.1 桩基工程

沉桩采用打桩船施工，施工时应注意以下几点：

（1）测量基点要定期复核、检查，及时校正。

（2）施工前要复核桩位，确认后方可正式沉桩。

（3）基桩施工中复测实际桩位与设计桩位偏差，出现下列情况及时通知有关各方，共同协商解决：

①桩的偏位超过规范要求；

②沉桩过程中出现异常情况。

（4）本工程沉桩时选择风浪较小的良好天气进行，每一排桩基沉桩完成后立即进行 H 型钢横梁安装，保证排架形成整体，并及时设置临时警示装置，提醒周围船舶，以策安全。

（5）停锤标准原则上以高程控制为主，贯入度作为校核。

平台立面图和断面图分别如图21-7、图21-8所示。

4.1.2.2 上部结构施工

（1）H 型钢横梁安装。

横梁材料采用双拼HN450型钢。加工完成后现场采用多功能驳进行吊装。吊装前需在钢管桩顶开宽400mm、高350mm深槽口，切割槽口底部要确保平整，开口的位置要在一条直线上，且应保证型钢横梁安装水平平稳。H型钢横梁与钢管桩间连接需达到设计要求。

（2）[32a槽钢纵梁安装。

按照设计图纸位置测放出纵梁安装线，纵梁安装时根据现场实际吊装设备可将纵梁设置成单元模块进行吊装，以加快安装进度；纵梁安装后，纵梁与H型钢梁连接位置均采用电焊连接，接触位置均满焊。

（3）[12槽钢面板安装。

[12槽钢面板按照安装线逐根进行安装，安装时，人员需要在纵梁槽钢顶部搭设临时操作平台，人员施工需要在操作平台上面进行逐根面板槽钢焊接，焊缝要求饱满，接触位置均满焊。

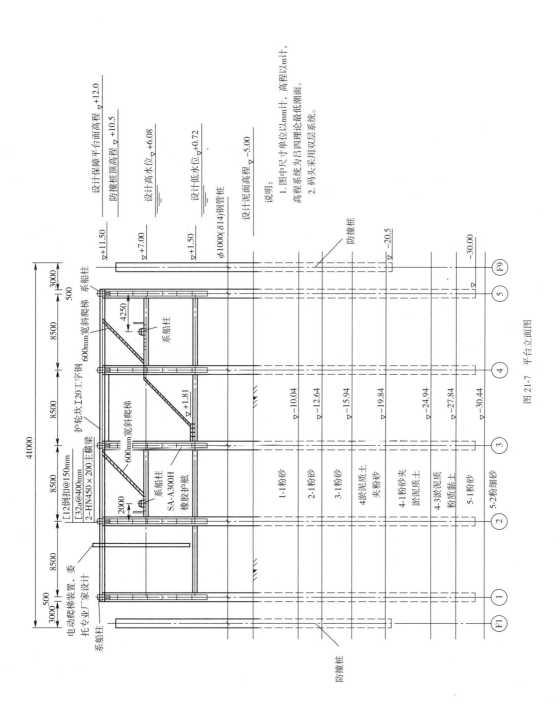

图 21-7 平台立面图

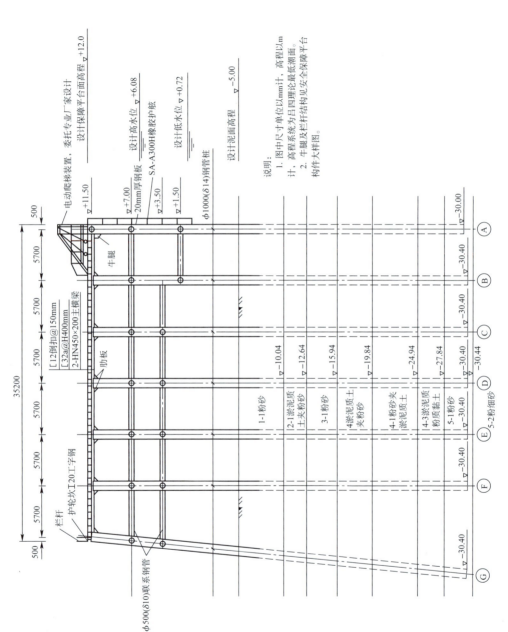

图 21-8 平台断面图

(4)集装箱安装施工。

平台顶部设置集装箱房屋,集装箱总体按照回字形进行布置,根据功能要求,设置临时项目部及业主调度室、休息间、工人应急休息间、卫生间、浴室、餐厅、救生设施及应急物资存放间等。

集装箱安装时,按照平面布置图逐个测放出集装箱安装位置,须保证箱体安装后四周可与面板槽钢可靠连接,集装箱通过抗风件与平台面板进行焊接连接,抗风件与面板接触部位要求满焊,焊缝宽度及高度满足设计要求。

(5)辅助设施安装。

平台三面均设置栏杆,平台设置航道警示灯和夜间照明设施。

上下爬梯结构如图21-9所示。

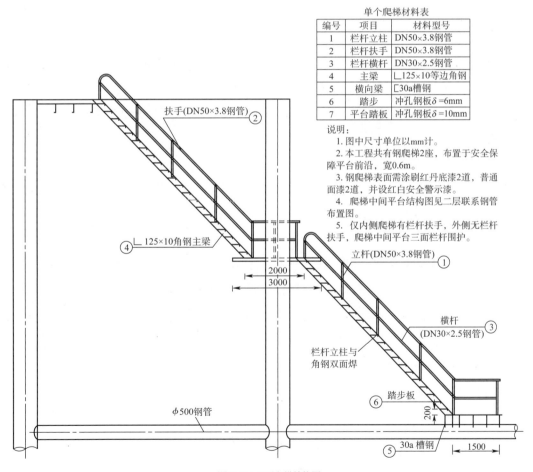

图21-9 上下爬梯结构图

4.1.2.3 供电

平台设置250kW柴油发电机组两台，发电机采用电启动方式，使用铅酸蓄电池作电源提供起动能量，一用一备。根据发电机组规格，油耗为20L/h，按照一星期的储油量计算，采用有效容积为5m³的油箱进行储油。室外沿平台边设置6m高度的路灯，采用100W的发光二极管（LED）灯。平台4角各设置1套太阳能航标灯。

4.1.2.4 给排水消防

平台设置生活给水箱泵一体化泵站，水箱有效容积为10m³，水箱底距平台顶面1m。一体化泵站内设置无负压供水设备一套，其中给水变频泵两台，一用一备，水泵参数为流量Q=10m³/h，扬程H=16m，功率N=0.75kW。

平台设置消防给水箱泵一体化泵站，水箱有效容积为10m³，水箱底距平台地面1m。一体化泵站内设置消防稳压系统一套，其中消防泵两台，一用一备，水泵参数为Q=5L/s，H=30m，N=4kW。

生活水箱和消防水箱的水源都由运输船从后方将自来水运至平台。生活水箱平时给平台供应日常用水，为了确保火灾时的消防用水量，生活水箱可以往消防水箱内补水。在生活水箱与消防水箱之间用DN100管道相连，管道距水箱底10cm，管道上安装闸阀和止回阀各一个。

4.1.2.5 环保

在平台面以下设置污水收集箱，有效容积为5m³，收集平台上的生活污水。定期采用运输船将污水收集箱内的污水抽出，运至后方集中处理。

4.1.2.6 防雷施工

平台四角各布置1座13m高避雷针，平台中心位置布置1座9m高避雷针，避雷接闪杆底座与平台焊接并设加劲角板固定，利用打入水中钢管桩（水下入泥深度25m）作为接地极，使用－40×4扁钢与钢管桩引上线焊接，每排集装箱使用跨接线相连，所有外露金属构件均与接地网连接，接地电阻小于4Ω。避雷针覆盖半径验算如下：

滚球半径h_r：60m（海上保障平台为三类建筑，滚球半径取60m）。

斜对角两针之间距离：50.2m。

避雷针高度h_0：9m、13m。

被保护物高度h_x：0m、3m（集装箱高度2.7m按照3.0m计）。

保护半径计算公式：$b_x = \sqrt{h_0(2h_r - h_0)} - \sqrt{h_x(2h_r - h_x)}$

当h_0=9m时，则：

$$b_{x=0} = [9 \times (2 \times 60 - 9)]^{\frac{1}{2}} = 31.6 \text{ (m)}$$

$$b_{x=3} = [9 \times (2 \times 60 - 9)]^{\frac{1}{2}} - [3 \times (2 \times 60 - 3)]^{\frac{1}{2}} = 12.9 \text{ (m)}$$

当h_0=13m时，则：

$$b_{x=0} = [13 \times (2 \times 60 - 13)]^{\frac{1}{2}} = 37.3 \text{ (m)}$$

$$b_{x=3} = [13 \times (2 \times 60 - 13)]^{\frac{1}{2}} - [3 \times (2 \times 60 - 3)]^{\frac{1}{2}} = 18.6 \text{ (m)}$$

由平台尺寸36m×35m可知，两边最大距离为36/2=18（m）＜18.6m，因此13m高避雷针的长、宽方向能全覆盖。

根据图21-10可知，中心位置与四个角避雷针保护半径最大距离为25.1m，中心位置9m高避雷针时的保护半径也为12.9m，整个平台全覆盖。设计水位图如图21-11所示。

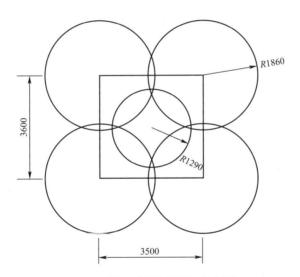

图21-10　避雷针3m高覆盖范围图（尺寸单位：cm）

4.1.3　创新构件的验收标准

钢管桩制作及验收应严格遵守《码头结构设计规范》（JTS 167—2018）中的有关要求。

钢管桩制作允许误差：纵轴线的弯曲矢高不得大于30mm，管端椭圆度偏差不大于5mm，管端平面倾斜不大于4mm。

该安全应急保障平台钢结构防腐采用涂层保护，具体施工要求满足《水运工程结构防腐蚀施工规范》（JTS/T 209—2020）中的相关规定，设计使用年限为2年。

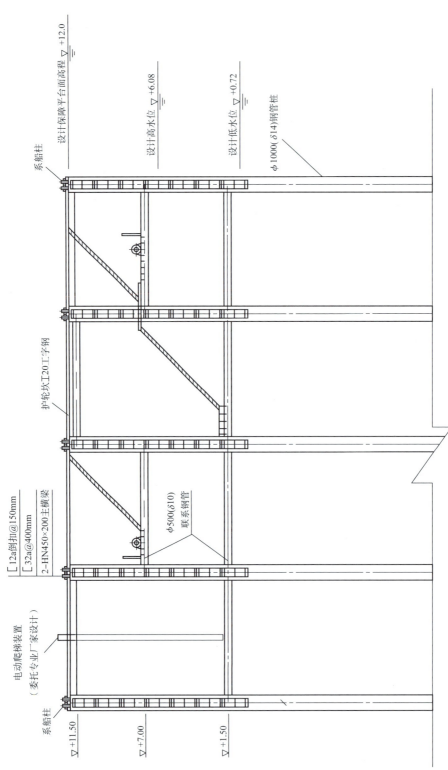

图 21-11 设计水位图（高程单位：m）

4.2 操作要点

4.2.1 水上沉桩

沉桩施工时，钢管桩均采用两吊点进行吊桩作业。

水上沉桩施工时，打桩船船艏向安全应急保障平台方向布置，船舶东西方向布置，自西向东的顺序依次完成所有桩基施工。运输驳布置在进港航道内打桩船南侧，停船时将自身船锚抛下，保证船舶相对稳定。打桩船抛锚位置如图21-12所示。

图21-12 打桩船抛锚位置图（单位：m）

定位完成后，先使用桩锤自重静压，根据钢管桩沉桩情况适时调整打桩锤能量进行锤击，沉桩采用直径138mm柴油锤施工，沉桩按照高程进行控制。

4.2.2 打入精度

打入精度在很大程度上取决于作业人员的精心程度、技术熟练程度、桩的制作误差、机械设备状况等，同时也受到地基、风浪及水流等客观因素的影响。

桩顶平面偏差要求小于$D/5$（D为桩径）并不超过15cm；桩顶高程偏差小于$D/10$并不超过10cm；桩的倾斜度应小于全长的1/100。

4.2.3 关键技术控制要点

（1）水工建筑物经专业有资质单位设计、专家评审。严格遵循现行标准规定和设计图纸要求进行施工。

（2）施工过程中施工荷载不得大于设计荷载。

（3）为确保工程质量和工程进度，必须选择技术熟练、设备齐全的专业施工队伍承担工程施工，对施工质量进行严格控制。

（4）钢结构材料均采用Q235级钢。

（5）施工图设计说明未尽事宜，按有关图纸及规范要求执行。

（6）钢管桩施工前做防腐措施：

①除锈处理；

②涂刷环氧沥青漆；

③钢管桩规格为ϕ1000mm（δ14mm），壁厚计算时按10mm计算，其余作为防腐预留。

（7）平台钢构件（除钢管桩外）需做除锈处理并涂刷环氧沥青漆。

（8）在基桩施工中应按规范要求做好沉桩记录，并复测实际桩位与设计桩位的偏差，在出现桩位的偏位超过规范要求时或沉桩过程中有异常情况，必须及时通知有关各方，共同协商解决。

综上所述，外海无掩护安全应急保障平台各构件受力、变形均在允许值范围以内。

5 应用实例

该安全应急保障平台应用于中交第三航务工程局有限公司南通港通州湾港区三港池1~3号码头工程项目，有关平台施工图和实景图分别如图21-13和图21-14所示。

a) 沉桩　　　　　　　　　　　　　　b) 上部结构施工

图 21-13　安全应急保障平台施工图

a) 远景图　　　　　　　　　　　　　b) 近景图

图 21-14　外海无掩护安全应急保障平台实景图